V&R

Dienst am Wort

Die Reihe für Gottesdienst und Gemeindearbeit

98

Mitmach- und Familiengottesdienste

Vandenhoeck & Ruprecht

Mitmach- und Familiengottesdienste

Herausgegeben
von Hans Freudenberg

Erarbeitet von:
Christel Alshuth, Dunja Barrabasch, Martina Beckmann,
Reiner Bömcke, Hans Freudenberg, Wilfried Hansel,
Susanne Landsberg, Thomas Mämecke, Karl Petersen,
Jürgen Stemkowicz, Andreas und Bärbel Taube

Grafik:
Martina Beckmann, Siegfried Krüger,
Mirja Stemkowicz

Vandenhoeck & Ruprecht

Hans Freudenberg, geb. 1938, ist Pfarrer und war als Schulreferent des Evangelischen Kirchenkreises Unna in der Aus- und Fortbildung von Religionslehrer*innen* tätig. Im Verlag Vandenhoeck & Ruprecht sind u.a. zahlreiche religionspädagogische Werke von ihm erschienen und herausgegeben worden.

Bibliografische Information der Deutschen Bibliothek

Die Deutsche Bibliothek verzeichnet diese Publikation in der Deutschen Nationalbibliografie; detaillierte bibliografische Daten sind im Internet über <http://dnb.ddb.de> abrufbar.

ISBN 3-525-59506-9

Umschlagabbildung: Katrin Härtel, Tulpe.

Printed in Germany.
Satz: Weckner Fotosatz GmbH | media+print, Göttingen
Druck und Bindung: Hubert & Co., Göttingen

Gedruckt auf alterungsbeständigem Papier.

Inhalt

Abkürzungen

EG-RWL Evangelisches Gesangbuch, Ausgabe Rheinland/Westfalen/Lippe

EG-NB Evangelisches Gesangbuch, Ausgabe Niedersachsen/Bremen

EG-BT Evangelisches Gesangbuch, Ausgabe Bayern/Thüringen

SL Singt dem Herrn. Schwerter Liederbuch, herausgegeben von Elsbeth Bihler, Walburga Schock, Hans Heinz Riepe, Verlag des Bundes der Deutschen Katholischen Jugend (BDKJ), Paderborn ^{7}1990.

ML Mein Liederbuch für heute und morgen, herausgegeben vom Arbeitskreis für Kulturelle Bildung und Medienarbeit der Jugendkammer der Evangelischen Kirche im Rheinland, Düsseldorf/PTI der Evangelischen Kirche im Rheinland, Bonn/Bad Godesberg, tvd-Verlag, Düsseldorf 1997.

P. der Pastor/die Pastorin
G. die Gemeinde
TP Tageslichtprojektor

Vorwort

Die folgenden Modelle dokumentieren Familiengottesdienste, die wir seit vierzehn Jahren in unserer Christuskirchengemeinde in Unna-Königsborn feiern (vgl. H. Freudenberg [Hg.], Tauf- und Familiengottesdienste, Vandenhoeck & Ruprecht, Göttingen ²2003, 7ff).

Sie haben vorrangig wiederum Familien mit Kindern im Blick, nicht die „traditionelle" Gemeinde, die aus dem Vertrauten (Predigt und Liturgie) Kraft und Wegweisung bezieht.

Es ist gut, dass sich die Vermittlung des Evangeliums auf vielerlei Weise – und an den unterschiedlichen Erwartungen und religiösen Sozialisationen der potentiellen Gottesdienstbesucher*innen* orientiert – vollzieht. Adressaten der folgenden 26 Modelle sind Familien mit in der Regel jüngeren Kindern.

Gerade jüngere Eltern suchen eine Gottesdienstform, die ihren eigenen Erwartungen und denen ihrer Kinder entgegenkommt. Das ist ein anspruchsvolles, aber durchaus aussichtsreiches Unternehmen, das alle Energie und Phantasie zu bündeln verdient. Schließlich entscheidet sich hier, ob Kirche von Kindern und Jugendlichen als anregende, lebensbedeutsame Größe oder als langweilige, vergangenheitsorientierte Institution erfahren wird.

Kinder als Paradigmen der Verkündigung? Jesus hat es jedenfalls so gesehen (vgl. Mt 18,1ff; 19,3ff).

Eine solche Akzentuierung muss praktische Konsequenzen haben, denn Kinder rezipieren und kommunizieren anders als Erwachsene. Kinder (aber auch deren Eltern) wollen:

- selbst aktiv werden
- benötigen eine elementare, anschauliche Ansprache
- brauchen Raum und Ausdrucksmöglichkeiten für Gefühle, für Kreativität und Bewegung
- sind ganzheitlich und leib-haftig orientiert

Das Jahr der Kirche, das „bürgerliche" Jahr sowie das Naturjahr bieten vielerlei Anlässe, Gott „mit Herzen, Mund und Händen" (EG 321) zu loben und „mit Kindern den Glauben zu feiern" (W. Wessel):

- die Feste des Kirchenjahres (vgl. Modell 1–10;17–20)
- das Naturjahr (vgl. Modell 1; 7; 12; 15; 17ff)

- die Wunder der Schöpfung (vgl. Modell 12; 17–21)
- biblische Themen und Gestalten (vgl. Modell 2; 4f; 8–10; 22f)
- Märchenmotive (vgl. Modell 17; 11)

Folgende Elemente bieten die Möglichkeit zu tätiger Teilnahme und haben sich als Vermittlungsformen bewährt:

- singen und musizieren
- spielen
- malen/gestalten
- Körpersprache und Gebärden/Gesten
- Symbolhandlungen/mit Symbolen operieren

Eindrückliche, handlungsorientierte Gottesdienste können ein guter Inhalt für den „Rucksack des Lebens" unserer Kinder sein.

In der „Charta für die Kinder in der Kirche" der evangelisch-methodistischen Kirche in England heißt es unter anderem:

- „Kinder sind im Leben der Kirche gleichwertige Partner der Erwachsenen
- Es ist eine der wichtigsten Aufgaben der Kirche, die in Kindern und Erwachsenen vorhandenen Gaben zu entdecken und zu entwickeln.
- Wir müssen es als kirchliche Gemeinschaft lernen, wirklich nur das in getrennten Altersgruppen zu machen, was wir allen Ernstes nicht gemeinsam machen können.
- Das Konzept des Priestertums aller Gläubigen schließt die Kinder ein."

Wir wünschen viel Freude bei der kritisch-kreativen Umsetzung unserer Ideen, die dann am besten rezipiert und fruchtbar werden, wenn sie auf die eigenen örtlichen Gegebenheiten hin modifiziert werden.

Beispiele und Entwürfe

1 Seht auf die Wurzel

Thematisches Stichwort

Das Thema des Gottesdienstes nimmt das eschatologisch-messianische Verheißungsmotiv des Neuanfangs aus Jesaja 11,1 auf: Aus dem Stumpf des (abgehauen) Wurzelstocks (Isais) werden überraschend neue Triebe (= ein neuer messianischer Herrscher – jenseits der davidischen Dynastie [?]) hervorbrechen.

Das Bild der Wurzel, die – obgleich alt geworden – doch wieder ausschlagen und neue Zweige treiben kann, belegt „das Wunder der Lebenskraft der Natur" (H. Wildberger, Jesaja 1–12, Neukirchen 1972, S. 447) und Gottes Treue zu seinem Volk.

Auf Advent bezogen lässt sich das Motiv mit den Themen (messianische) „Erwartung" und die mit der Geburt eines Kindes gesetzten Hoffnungen und der „Einwurzelung" in den Leib Christi verknüpfen.

Sinnlich erfahrbar kann das Leitmotiv aus Jesaja im Gottesdienst werden, indem ein Wurzelstock mit einem nackten Baumstämmchen zum Leben erweckt wird (durch grüne Blätter und Blüten – s.o.).

Vorbereitung

Zu besorgen bzw. anzufertigen sind:

- eine Wurzel, oben mit einem Loch zu versehen zur Aufnahme des Stämmchens (s.u.)
- ein nacktes Baumstämmchen, das in die Wurzel eingefügt wird
- grüne Blätter (Tonpapier), mit Blumendraht versehen
- „Knospen“, anzufertigen aus Seidentüchern (ca. 53 cm x 53 cm); diese werden vorbereitend mit Stoffmalfarben bemalt, für den Gottesdienst zu Blüten bzw. Knospen verdrahtet und – im Laufe des Gottesdienstes – in den Baum eingefügt.

Verlauf

VORSPIEL

BEGRÜSSUNG

LIED „Macht hoch die Tür“ (EG 1,1–3)

Eröffnung

Gebet

Lied „Seht, die gute Zeit ist nah“ (EG 18,1f)

Aktion „Seht auf die Wurzel“

P. verweist auf Wurzel und Stamm und verliest Jesaja 11,1f
Er/sie stellt die durch den Vorbereitungskreis kunstvoll bemalten Seidentücher vor und liest exemplarisch die Wünsche der Taufeltern für ihre Kinder vor. Er/sie deutet sie im Horizont des sich entwickelnden Lebens der Täuflinge. Die bereits vorgestellten Tücher werden durch Helfer*innen* zu Blüten verdrahtet.

Mit grünen „Blättern“ und „Blüten“ (s.o.) wird – zu ruhiger Musik – nach und nach das nackte Stämmchen geschmückt und zu der messianisch-adventlichen Verheißung in Beziehung gesetzt.

Abschluss: „Ein schönes Bild ist entstanden, ein Blütenbaum, ein Hoffnungsbaum, ein Stück Himmel auf Erden. Gott wohnt bei den Menschen.“

Lied „Knospen springen auf“

(Text: Rolf Krenzer, Musik: Detlev Jöcker, aus: Weihnachten ist nicht mehr weit, © Menschenkinder-Verlag, 48157 Münster)

Fürbitten

Vaterunser

Lied „Macht hoch die Tür“ (EG 1,5)

Segen

Fenster im Advent

2

Thematisches Stichwort

Die Adventszeit ist im Erlebnis- und Erfahrungshorizont vieler Menschen durch zwiespältige Gefühle und Erwartungen geprägt: der unbestimmten Sehnsucht nach Ruhe, nach Innerlichkeit, nach Zeit, nach etwas Unbestimmten einerseits und der Erfahrung von Zeitlosigkeit, Unruhe und Hetze andererseits.

Der Gottesdienst will diese ambivalenten Eindrücke thematisieren und sie in einen weiteren, der Sache angemessenen Zusammenhang stellen.

In einem Haus mit verschiedenen Wohnungen/Atmosphären/Erwartungsformen/Bildern sollen die unterschiedlichen Konnotationen zur Vorweihnachtszeit inszeniert werden, indem später die Bilder von hinten erleuchtet werden und von vorne das Symbol der Wurzel (wir verwendeten dazu Winterjasmin), das messianische Motiv der Wurzel Jesse, zu sehen ist.

Vorbereitung

Anzufertigen sind:

- ein Haus (zu erstellen aus Verpackungskarton, siehe M1) auf Folie brennen, projizieren Umrisse zeichnen, ausschneiden
- 5 Bildmotive als Folien mit folgenden Themen:

Fenster 1	z.B. Gebäck, Kerze, Nüsse
Fenster 2	die Karikatur (M2)
Fenster 3	Foto „Einsame Frau mit Vogel im Vogelbauer" (in: W. Longardt, Mit offenen Augen 2. Werden und Vergehen, Foto Nr. 10, Gütersloh 1977)
Fenster 4	Fußspuren

Zu besorgen ist: ein Winterjasmin (o.ä.)

Als *Taufgeschenk:* Ein Adventstransparent mit adventlich-weihnachtlichen Motiven.

Verlauf

VORSPIEL

BEGRÜSSUNG

LIED „Wir sagen euch an den lieben Advent" (EG 17,1)

ERÖFFNUNG

PSALMWORT

GEBET

LIED „Macht hoch die Tür" (EG 1,1)

BILDER IM ADVENT

(Stichworte zu dem Haus und seinen Bildern – s.o.)

Seit 100 Jahren begleiten Adventskalender und -häuser die Adventszeit. Sie begleiten das Warten, sie verkürzen die Zeit.

Wenn wir ein Fensterchen öffnen, stellt sich die Frage jeden Tag neu: Was ist dahinter? Alles drängt auf das besonders große Tor, das auf die Heilige Nacht hinweist.

Unser Adventshaus hat fünf Fenster = fünf Szenen/Bilder/Situationen. Nicht immer ist der Zusammenhang zur Adventszeit sofort erkennbar.

Fenster 1: Ich sehe Plätzchen, Nüsse … = Symbole für eine warme Atmosphäre und Gemütlichkeit. Manches deutet auf das hin, was im Gespräch Taufeltern zum Stichwort Advent eingefallen ist:

Weihnachtsstimmung – Punsch – Kerzen – Engel – Weihnachtsmarkt – feierliche Stimmung – endlich frei – Schnee.

Als die Eltern überlegten, was sie ihren Kindern im Advent wünschen, was sie erleben und erfahren sollen, da sagten sie:

– Spannung auf Weihnachten
– Zeit der Erwartung
– Harmonie
– Wärme
– Geborgenheit
– Freude
– Plätzchen backen
– Geschichten vorlesen/erzählen
– Nikolausstiefel …

ZWISCHENSPIEL

Fenster 2: Ich sehe eine Geschäftsstraße mit bepackten, gehetzten Menschen. Davor: Maria und Josef staunend, was aus Weihnachten bei vielen Menschen geworden ist.
Haben die Vorbereitungen noch etwas mit der bevorstehenden Geburt des Gotteskindes zu tun?

ZWISCHENSPIEL

Fenster 3: Eine ältere Frau sitzt einsam und hält vielleicht in Gedanken Zwiesprache mit dem Vogel im Käfig. Manchmal kommt sie sich auch so vor wie der Vogel. Für sie mag diese Zeit besonders traurig sein. Niemand ruft an, kein Brief im Briefkasten, niemand lädt sie ein. Die Kinder wohnen weit weg, vielleicht haben sie sie ja vergessen. Gut, dass da wenigstens der Vogel ist und der Frau Gesellschaft leistet.

ZWISCHENSPIEL

Fenster 4: Die Fußspuren erinnern mich an die Vielen, die unterwegs sind. Von irgendwo nach irgendwo, so wie damals, als Maria und Josef auf dem Weg nach Bethlehem waren.

Wie viele Leute sind unterwegs. Nirgendwo sind sie willkommen, müssen immer wieder aufbrechen und weiterziehen.
Wie gut wäre es, irgendwann einmal anzukommen, Heimat zu finden, sich ausruhen zu dürfen.

ZWISCHENSPIEL

LIED „Macht hoch die Tür" (EG 1,5) – *Während des Liedes wird der Winterjasmin als „Wurzel Jesse" vor das Haus installiert und die Bilder von hinten mit einem Tageslichtprojektor erhellt.*

DEUTUNG Etwas hat sich verändert:

1. Alle Fenster mit ihren Bildern sind von hinten erhellt.
   Licht fällt auf
   – eine brennende Kerze
   – die Menschen im Weihnachtsstress
   – die einsame Frau
   – die Fußspuren

   Licht fällt im Advent auf die Szenen und Situationen, in denen Menschen leben, Licht, das uns versprochen wird, Licht, das wir nicht selber machen.

2. Ein *Spross* rankt hoch. Er ist Zeichen der Hoffnung, Zeichen des Lebens.
   In uralten Schriften (Jesaja 11) lesen wir:
   „Ein Spross wächst aus dem Baumstamm Isais, ein neuer Trieb schießt hervor aus der Wurzel. Auf ihm wird ruhen der Geist des Herrn. Den Entrechteten verhilft er zum Recht, für die Armen im Lande setzt er sich ein."

   Immer wieder gebiert die Wurzel neues Leben. Das Leben aus der Wurzel Gottes verwandelt unsere Bilder von Stimmung und Stress, von Einsamkeit und Unterwegssein, vom Leben aus der Liebe zweier Menschen. Die Hoffnungswurzel fügt sie zu einem Lebenshaus zusammen, indem Gott das Fundament und die Wurzel bildet. Amen.

LIED „Sieh auf die Wurzel, wie sie treibt" (SL 116)

Fürbitten

Vaterunser

Lied „Bewahre uns Gott, behüte uns Gott“ (EG 171,1)

Segen

M1

M2

(Löwensteiner Cartoon-Service 1988/IV, S. 18)

3 Schenk uns Zeit

Thematisches Stichwort

„Zeit ist (und kostet) Geld.“ Zeit kann man „stehlen“, „vertreiben“ oder „totschlagen“ – so, als wäre sie unser Feind.

Obwohl die Menschen immer neue Techniken und Methoden zur Zeitersparnis entwickeln (Computer, E-Mail, Mikrowelle, ICE …), leiden viele unter Zeitmangel, stehen unter dem „Diktat der Zeit“. Schmerzhaft empfinden sie, wie die Zeit verfliegt bzw. unerbittlich verrinnt. Eine Zeit, die sich durch Aktivitäten füllen und kapitalisieren lässt, gilt in unserer Gesellschaft/in unserem Kulturkreis als wertvoll. In früheren Jahrzehnten war eine Uhr zur Konfirmation oder zur Firmung ein beliebtes Geschenk – ein deutlicher Hinweis auf den nun beginnenden „Ernst des Lebens“ mit seinen Zeit-Takten und dem unwiederbringlichen Ende der (zeitlosen) Kindheit.

Die Bibel lehrt eine andere Sichtweise der Zeit:

- Zeit ist ein Geschenk des Schöpfers (Gen 1,3ff).
- Unsere Zeit ruht in Gottes Händen (Ps 31,16).
- Gott bestimmt die Fülle der Zeit, den Kairos (Mk 1,15; Gal 4,4f).

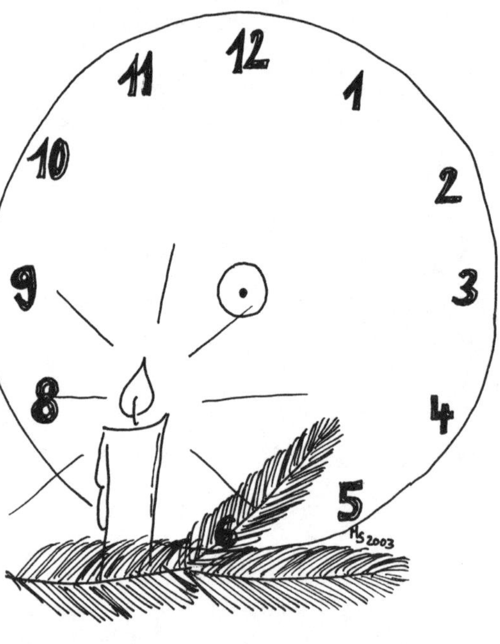

⌛ Zeit mündet in die Ewigkeit (Röm 8,18; 1 Petr 1,5). – „Die Zeit ist die Larve der Ewigkeit" (Jean Paul zit. nach: M. Lurca, Die Botschaft der Symbole, S. 13f).

Wer sich von diesem Gegenentwurf anstecken lässt, kann im Advent diese einzigartige, unendlich wertvolle Gabe neu entdecken. Leben, ja jeder Tag, jede Stunde ist geschenkte Zeit, die wir hüten, genießen, verschenken und teilen können.

Die „Kirche von England" hat folgende „Gebote gegen den Stress" herausgegeben:

- Du sollst dir genügend Zeit für deine Freunde, deine Familie, für dich selbst nehmen.
- Du sollst regelmäßig abschalten und nichts tun …
- Du musst nicht mit allem alleine fertig werden …

(zit. nach: Andere Zeiten 2/2002, S.5)

Vorzubereiten sind

- eine große Uhr (Ø ca. 120 cm) aus Karton mit einem beweglichen Zeiger
- für alle Gottesdienstbesucher kleine Uhren (Ø ca. 11 cm) mit beweglichem Zeiger bereithalten: Stifte für alle und zum Beschriften der großen Uhr

Verlauf

ORGELVORSPIEL

BEGRÜSSUNG

LIED „Macht hoch die Tür …" (EG 6,1–3)

EINGANGSWORTE

PSALMGEBET (im Wechsel)

Herr, du schenkst uns die Zeit
und unsere Stunden ruhen in deiner Hand.

Gott, du kennst mich.
Du achtest auf mich.
Nie gibst du mich verloren.
Ich sitze oder stehe,
ich liege oder gehe,
du hältst deine Hand über mir.

Herr, du schenkst uns die Zeit
und unsere Stunden ruhen in deiner Hand.

Von allen Seiten umgibst du mich.
Du hältst deine Hand über mir.
Alle meine Wege sind dir bekannt.
Alles, was ich denke und sage:
Du kennst es.
Mein ganzes Leben liegt offen vor dir.

Herr, du schenkst uns die Zeit
und unsere Stunden ruhen in deiner Hand.

Wenn ich in Schwierigkeiten bin
willst du mich begleiten.
Wenn ich nicht aus noch ein weiß
und mich am liebsten verstecken möchte,
so bleibt dir meine Not nicht verborgen.

Herr, du schenkst uns die Zeit
und unsere Stunden ruhen in deiner Hand.

Du achtest auf mich.
Nie gibst du mich verloren.

Herr, du schenkst uns die Zeit
und unsere Stunden ruhen in deiner Hand.

(nach Ps 139/90)

LIED „Komm, o mein Heiland, Jesu Christ …“ (EG 1,5)

ADVENTS-ZEIT (I)

P. lädt die Gottesdienstbesucher ein,
- für sich/mit den Nachbarn über ihre Art des Umgangs mit der Zeit in den Vorweihnachtswochen nachzudenken,
- mit der am Eingang erhaltenen „Uhr“ zu „spielen“ bzw. die Eintragungen zu ergänzen.

LIED „Schenk uns Zeit“

(Texte: Rolf Krenzer, Musik:Detlev Jöcker aus: Das Liederbuch zum Umhängen 1, © Menschenkinder Verlag und Vertrieb GmbH, Münster)

ADVENTS-ZEIT (II)

Unsere Adventsuhren haben keine Ziffern, die die Zeit messen, diktieren, uns an Termine und Verpflichtungen und Verabredungen erinnern könnten.
Ich sehe zur Zeit viele, die in Zeitzwängen leben, denen die Zeit davonläuft.
Unsere Uhren haben keine Ziffern, sondern sie enthalten Wünsche. Wünsche, wie sie nicht nur Kinder haben – Kinder, die die Zeit leicht vergessen können (wie z.B. „Zeit zum [Vor-]Lesen" …). Solche Wünsche sind Ausdruck einer anderen Füllung und Qualifizierung der Zeit. In der Bibel gibt es einen Satz, der das Ereignis von Advent und Weihnachten so umschreibt: „Als die Zeit erfüllt war, sandte Gott seinen Sohn …"

P. erzählt die Geschichte von den Menschen, die auf einem Schiff unterwegs zu einer Insel sind, um dort Weihnachten zu feiern, deren Schiff aber durch einen Motorschaden manövrierunfähig wird und sie zwingt, sich in Geduld zu üben.

Einer der murrenden, ungeduldigen Fahrgäste fragt einen anderen nach der Uhrzeit. Dessen Ziffernblatt weist keine Ziffern auf, sondern Worte wie z.B.:

– freundlich sein
– Geschenk machen
– Mut zusprechen
– Hilfe anbieten …

Die Nachricht von der seltsamen Uhr verbreitet sich rasch auf dem Schiff und verändert die Menschen: Sie teilen miteinander Geschenke und Kuchen, sind freundlich zueinander, haben Zeit füreinander. Ein mürrischer Passagier erzählt einem kleinen Mädchen eine Geschichte …

„Zeit, freundlich zu sein", diese Zeitangabe könnte sich als Einladung auf einer großen Weltuhr quer zu all unseren Planungen und Terminen stellen. Ich könnte so Zeit für mich und für andere gewinnen. Ich könnte mir Zeit schenken lassen.
Wir Christen messen die Zeit jetzt im Advent mit Kerzen – von Woche zu Woche zünden wir eine Kerze mehr an. Wenn wir die Zeit mit Licht messen, kann es in diesen vier Wochen immer heller und schöner werden in unseren Familien und in der Kirche – Gott schenkt uns Zeit – auch Zeit für Stille und Zeit, um zu entdecken, was es heißt „Als die Zeit erfüllt war, sandte Gott seinen Sohn".

LIED „Hast du heute für mich Zeit?"

(Quelle: unbekannt)

Ich hab' heute wenig Zeit, Zeit zum Teilen.
Hab' mir zuviel vorgenommen

und die Zeit ist weggeschwommen,
jetzt muss ich rennen und mich eilen.

Zeit, die wir verschenken können, Zeit zum Teilen.
Da, wo wir aus unserm Leben
andern etwas weitergeben –
Zeit aus Gottes Händen.

FÜRBITTENGEBET

LIED „Alle Kinder dieser Welt sind dein“

(SL 88)

Lass die Augen immer Gutes sehn: –
Lass die Füße gute Wege gehen: –
Lass die Hände immer Gutes tun: –

SEGEN

AUF DEM WEG NACH BETHLEHEM

4

Thematisches Stichwort

Dem Gottesdienst liegt die Erzählung von Annegret Fuchshuber „Der weite Weg nach Bethlehem“ zugrunde. Sie wurde teilweise unter Verarbeitung des Weihnachtsspiels in: Materialdienst: Weihnachten 2, Rheinischer Verband für Kindergottesdienst, Düsseldorf o.J., S. 37ff, für den Gottesdienst eingerichtet. Aus didaktischen Gründen haben wir die Zahl der agierenden Tiere reduziert.

Vorbereitungen

Anzufertigen sind: Stabfiguren aus schwarzem Tonpapier, die für die Projektion auf dem Tageslichtprojektor (TP) auf Schaschlikstäbe aufgeklebt werden:

- Raupe
- Schnecke

– Wolf
– Rabe
– Schaf
– Eule
– Stern

Vorlagen für die Schattenfiguren: M1

Bereitzustellen sind: TP und Leinwand

Verlauf

ORGELVORSPIEL

BEGRÜSSUNG

LIED „Macht hoch die Tür" (EG 1,1–3)

ERÖFFNUNG

PSALM

GEBET

ZWISCHENSPIEL MIT ANSPRACHE
(siehe M2)

LIED „Stern über Bethlehem" (EG 546,1)

FÜRBITTEN

VATERUNSER

LIED „Macht hoch die Tür" (EG 1,5)

SEGEN

M1

„Hindernisse auf dem Weg nach Bethlehem" M2

Szene (I)

Sprecher: Im fernen Land Israel lebte vor 2000 Jahren eine *Schnecke (Stabfigur Schnecke auf TP legen).* Sie war schon sehr alt und hatte schon viel von der Welt gesehen. Und da sie so langsam und bedächtig war, hatte sie nichts von alledem vergessen.

Das Alter brachte es mit sich, dass sie wetterfühlig wurde. Eines Tages fühlte sie ein unbestimmtes Kribbeln in ihrem Fuß. „Es liegt etwas in der Luft", murmelte sie. „Und ich werde herausfinden, was es ist."

(TP: Raupe taucht neben der Schnecke auf) Eine dicke *Raupe*, die dicht neben der Schnecke am Kohl knabberte, bemerkte ihre Unruhe und fragte:

Raupe: Was ist los, Schnecke, du bist anders als sonst?

Schnecke: Das Wetter! Es liegt etwas in der Luft. Nachts kann ich kaum noch schlafen, ich muss zum Himmel schauen. Es gibt eine alte Weissagung, dass ein neuer Stern aufgehen wird, der die Welt verändern wird.

Raupe: Hast du den Stern schon gesehen?

Schnecke: Nein, aber ich mache mich auf den Weg. Ich werde ihn finden. Willst du mich begleiten?

Raupe: Nein, ich muss noch fressen, aber ich wünsche dir viel Glück! *(Raupe tritt ab – TP aus)*

ORFF-ZWISCHENMUSIK

Ansprache (I)

Advent, das Kommen Gottes bringt Menschen und Tiere in Bewegung.

Nun gibt es grundsätzlich zwei verschiedene Sorten von Adventsbewegungen:

1. Die hastige, unruhige, gehetzte Bewegung, die ich seit geraumer Zeit in unseren Fußgängerzonen beobachte. Das Tempo wird sich in den kommenden vier Wochen noch steigern. Schnell kann da aus dem Blick geraten, warum und wohin wir auf dem Weg sind.

2. Da ist die andere Bewegung: Advent – im Schneckentempo, langsam, bedächtig, aber hellwach und empfindsam.

Die Schnecke spürt am Kribbeln im Fuß: „Es liegt etwas in der Luft! Es muss mit den alten Weissagungen zu tun haben – der Messias wird kommen – mit dem Stern, der die Welt verändern wird ..."
Weil Hetze und Unruhe mich leicht die Zeichen der Liebe Gottes übersehen lassen, möchte ich in diesen Tagen von der Schnecke das Schneckentempo lernen, die Entdeckung der Langsamkeit. (Hinweis für die Eltern, dass Einübung in die Langsamkeit auch im Umgang mit den Kindern entlastend sein kann.)

ORFF-ZWISCHENMUSIK

SZENE (II)

Sprecher: *(TP an – mit Schnecke)* In der nächsten Nacht sah die *Schnecke* plötzlich in weiter Ferne einen wunderbaren neuen Stern am Himmelszelt. Da wusste sie sofort: In diese Richtung musste sie kriechen. Tapfer machte sie sich auf den Weg.
Nach einigen Tagen stand ein *Wolf (Figur auf TP legen)* knurrend vor ihr und fragte:

Wolf: Hast du keine Angst vor mir?
Schnecke: Nein, warum sollte ich Angst haben?
Wolf: Weil ich böse bin.
Schnecke: Wer sagt das?
Wolf: Die Menschen.
Schnecke: Warum sagen das die Menschen?
Wolf: Weil ich ihre Schafe fresse.
Schnecke: Und wozu brauchen die Menschen die Schafe?
Wolf: Sie wollen sie selber fressen.
Schnecke: Ach, das ist ja interessant! Sie nennen dich böse, weil du das Gleiche tust wie sie?!
Wolf: So genau habe ich mir das noch nicht überlegt, aber so scheint es zu sein.
Schnecke: Dann bist du auch nicht böser als die Menschen.
Wolf: Aber was kann ich nur tun?
Schnecke: Niemand kann etwas dagegen tun. Aber ein Stern zeigt mir an, dass bald einer geboren wird, der *alle* Men-

	schen und Tiere liebt. Das Böse soll auf dieser Welt keinen Platz mehr haben.
Wolf:	Wer kann das sein?
Schnecke:	Das ist einer, auf den ich schon lange warte. Siehst du den Stern da hinten? *(Stern auf TP – im Hintergrund)* Dort werde ich ihn finden.
Wolf:	Ich gehe mit und werde ihn schützen! Ich laufe schon mal vor – wir treffen uns unter dem Stern. *(TP: Wolf tritt ab)*

Orff-Zwischenmusik

Szene (III)

Sprecher:	Von Tag zu Tag wurde die Reise mühsamer. Aber die *Schnecke* gab nicht auf. Unermüdlich kroch sie auf den Stern zu, um den Retter der Welt zu finden. Eines Morgens sah sich die Schnecke zu ihrem Schrecken einem *Raben (Figur auf TP legen)* gegenüber.
Rabe:	Weißt du, was Vögel, was ich mit einer Schnecke machen? Ich fresse sie! Aber du hast Glück. Im Augenblick habe ich keinen Hunger.
Schnecke:	Du nennst es Glück. – Ich nenne es Fügung. Ich glaube, Gott will, dass ich an mein Ziel komme. Und darum wirst du mich heute nicht fressen.
Rabe:	Dann sage mir, wo dein Ziel ist, damit ich dich hinterher fressen kann.
Schnecke:	Mein Ziel ist ein Stern.
Rabe:	Oho!! – Ein Stern!!! Willst du das Fliegen nicht lieber uns Vögeln überlassen?
Schnecke:	Der Stern zeigt mir den Ort, an dem ich den Retter der Welt finde.
Rabe:	Das verstehe ich nicht, Retter der Welt? – Wer ist das?
Schnecke:	Das ist einer, der aller Not und allem Leiden, aller Angst und aller Bedrohung ein Ende bereitet. Er bringt Friede, Freude und Gerechtigkeit.
Rabe:	Du hast mich neugierig gemacht. Ich fliege dem Stern entgegen. Wenn es die Fügung will, werden wir uns dort wiedersehen. *(TP: Rabe tritt ab)*

ORFF-ZWISCHENMUSIK

Szene (IV)

Sprecher: Ein *Schaf (TP: Figur auflegen)* hatte der Unterhaltung zugehört. Kaum war der Rabe fort geflogen, trat es der *Schnecke* in den Weg.

Schaf: Gehst du wirklich da hin?

Schnecke: Ja!

Schaf: Wenn ich es richtig verstanden habe, wird ein Mensch als Retter der Welt geboren – kein Tier! Er wird dich sicher gar nicht bemerken. Er kommt zu den Menschen, nicht zu uns Tieren. Du machst dich lächerlich!

Schnecke: Nein, das glaube ich nicht, Gott hat auch die Tiere erschaffen und er sorgt für sie wie für die Menschen.

Schaf: Was erhoffst du dir von einem neugeborenen Kind?

Schnecke: Das weiß ich selbst nicht so genau. Ich habe einfach nur den Wunsch: Ich möchte in seiner Nähe sein!

Sprecher: Nachdenklich ging auch das Schaf dem Stern entgegen. Immer wenn die Schnecke erschöpft und müde zum Himmel schaute und den hellen Stern sah, bekam sie Mut, weiterzugehen und dachte bei sich: „Ich werde es schaffen!“ *(Schaf tritt ab – TP aus)*

ORFF-ZWISCHENMUSIK

ANSPRACHE (II)

Wer seine Fühler nach dem Heil der Welt ausstreckt, der wird sich jetzt Zeit nehmen, Zeit für unverhoffte Begegnungen – so wie sich die Schnecke Zeit nimmt für die *Raupe*, den *Wolf*, den *Raben*, das *Schaf*.

Wer das Heil der Welt sucht, wird nicht vorschnell das Urteil der Anderen teilen (Wölfe = böse, Raben vernichten das Schwächere). Wer das Heil der Welt sucht, wird dem angeblich Bösen zuhören und ihm eine neue Chance geben.

Zuhören und Verstehen lernen kann Menschen und Tiere verwandeln.

Vielleicht fällt euch jemand ein, der euch wie ein Wolf erscheint, jemand, der euch Böses angetan hat.

Erinnert euch an die Schnecke! Wo wir mit ihr die Fühler nach dem Retter der Welt ausstrecken, kann Böses verwandelt, können Gräben überwunden werden, kann Frieden einziehen.

ORFF-ZWISCHENMUSIK

SZENE (V)

Sprecher: *(TP an mit Schnecke und Eule)* Eines Tages saß, wenige Schritte von der Schnecke entfernt, eine alte weise *Eule*. Sie sah gebannt zu dem Stern hinauf und sprach vor sich hin:

Eule: Ich verstehe das nicht! Aus alten Erzählungen weiß ich, dass dieser Stern die Geburt eines neuen Königs anzeigt. Nun scheint er aber über dem kleinen Nest Bethlehem zu stehen. Ein König kann aber doch nur in unserer Hauptstadt Jerusalem, in einem prächtigen Palast geboren werden.

Sprecher: Als die Schnecke das hörte, sagte sie:

Schnecke: Du irrst dich, Eule! Der da geboren wird, ist nicht nur der König Jerusalems, er ist der Retter der ganzen Welt. Kein Schloss wäre groß genug für ihn. Er kann genau so in einer Hütte oder in einem Stall geboren werden. Seiner Größe würde das nicht schaden.

Eule: Du verstehst nichts von solchen Dingen. Ein König wird im Königsschloss geboren, und das steht in Jerusalem. Und damit *basta*!

Schnecke: Aber der Stern steht nun einmal nicht über Jerusalem, daran ist kein Zweifel. Du kannst ja nach Jerusalem fliegen, ich jedenfalls gehe nach Bethlehem zum Stern.

Sprecher: So machten sich alle Tiere *(alle Tiere auf TP)* auf den Weg – jedes in seinem Tempo, voll beladen mit seinen Wünschen, Träumen und Hoffnungen auf eine bessere Welt, auf den Weg zum Stern nach Bethlehem.

Orff-Zwischenmusik

Ansprache (III)

Der Stern weist der merkwürdigen Pilgerschar den Weg zur Krippe, den Weg zum König,

– dessen Schloss ein Stall,
– dessen Himmelbett eine Krippe,
- dessen Königsdecke eine Windel sein wird.

Auf den Namen dieses Königskindes werden wir gleich ... (NN) taufen.
Schaut euch in diesen Nächten am Himmel um. Vielleicht entdeckt ihr einen besonders hellen, besonders markanten Stern. Vertraut darauf, dass er eure Träume zu einem guten Ziel führt.
Am Ende unseres kleinen Spiels heißt es: „So machten sich alle Tiere auf den Weg nach Bethlehem, vollbeladen mit ihren Wünschen, Träumen und Hoffnungen auf eine bessere Welt."
Was nehmen wir mit in den Advent? Mit welchen Träumen, Hoffnungen, Visionen begaben wir unsere Kinder?

Und noch eins: Wenn ihr ein Ziehen im Fuß oder Herzen spürt, – deutet es nicht als Krankheit, sondern versteht es als Hoffnungszeichen!
Es liegt etwas in der Luft – Gott macht sich auf zu den Menschen. Im Stall – dem zerbrechlichen Haus des Lebens will er uns begegnen. Amen.

Es kommt ein Schiff geladen …

Thematisches Stichwort

Seit Jahrtausenden fahren Boote und Schiffe über Flüsse, Seen und Meere, Waren oder Personen von A nach B bringend. Neben der *wörtlichen* Bedeutungsebene gibt es auch eine *metaphorische*:

- In *Ägypten* z.B. war die Idee des Lebensschiffes beheimatet: Der Verstorbene setzte in einer Sonnenbarke zum westlichen Nilufer über, um dort die Reise in ein glücklicheres Jenseits anzutreten.
- Die *Griechen* legten dem Leichnam eine Münze in den Mund – Fährgeld für die Überfahrt in die Totenwelt.

Neues Testament wie Kirchenväter deuten das Bild des Schiffes auf die Kirche: Wie ein Schiff fährt sie auf dem Meer der Zeit dahin, umtost von Stürmen zwar, doch mit einem klaren Ziel: der Ewigkeit bei Gott.

In den Horizont dieser symbolischen Deutung gehört auch das Adventslied „Es kommt ein Schiff geladen …“ – Die Schiffsmetapher wird hier aber noch einmal anders gefüllt: Ein Schiff ist das Sinnbild der Begegnung zweier Welten, der Begegnung von Himmel und Erde, von Gott und Mensch (wobei die Initiative zur Begegnung von der göttlichen Welt ausgeht).

Von den sechs Strophen verarbeiten nur die Strophen 1–3 das Schiffsmotiv. Die drei ersten Strophen sind parallel gebaut: Jeweils die Strophen 1 und 2 enthalten ein Bild, die Zeilen 3 und 4 deren theologische Deutung, z.B.:

Bild: „Es kommt ein Schiff geladen
bis an dein höchsten Bord.“
Deutung: „Trägt Gottes Sohn voll Gnaden
des Vaters ewigs Wort.“

Das Schiff trägt den Sohn = „des Vaters ewigs Wort“. Das Wort ist die teure „Last“ (Strophe 2).

Das Wort „will Fleisch uns werden“ (vgl. Joh 1), d.h. sich mit uns vereinigen, in uns Wohnung nehmen, Leben zeugen. Die hier gewählte Sprache ist eine ausgesprochen erotische Sprache.

Zum Hintergrund:
Der Dichter, der evangelische Pfarrer Daniel Sudermann (1550 – um 1631), verwendet *mystische Bilder*. Die Mystik (vgl. Meister Eckehard) hat ihren Schwerpunkt darin, dass in ihr der Fromme sich danach sehnt, dass das Göttliche auf ihn herabflutet, Gott auf geheimnisvolle Weise die Seele berührt, sich mit ihr in der „unio mystica“ vereinigt.

Aufs Lied übertragen: Ziel des Bildes ist, dass das „ewig Wort“ (Strophe 1) „Fleisch uns wird“ (Strophe 3), d.h. sich mit uns, mit der gläubigen Seele vereinigt, mit ihr eins wird.

Das Ganze wird noch dichter, wenn man bedenkt,

- dass das Lied ursprünglich ein Marienlied war und
- Maria in der Mystik häufig im Bild des Schiffes (= Medium) gezeichnet wird.

Ein letzter Aspekt betrifft die *Melodie*: Das zum Inhalt Gesagte findet auch in der Melodie seine Entsprechung: Die beiden Zeilenpaare 1/2 einerseits und 3/4 andererseits unterscheiden sich auch melodisch und rhythmisch stark voneinander: Die Zeilen 1 und 2 sind langsam, ruhig, nehmen die Bewegung der Wellen auf, während die Zeilen 3 und 4 eher bewegt sind.

Die zwei Rhythmen entsprechen den beiden Welten, die sich aufeinander zu bewegen und einander berühren, sich vereinigen. Strophen 4–6 haben eine andere Struktur, verwenden andere Bilder und verlassen auch die Struktur von Bild und Bilddeutung, die für die Strophen 1–3 konstitutiv ist.

Vorbereitungen

Vorzubereiten sind:
Ein *Schiffsumriss* (Karton, ca. 100 cm x 200 cm), bestehend aus:
– Mast
– Segel
– Rumpf

Eine *Kogge* (ersatzweise Folie mit dem Bild einer Hansekogge o.Ä.)

Bereitzustellen ist: ein Tageslichtprojektor zum Anstrahlen des fertigen Schiffes

Verlauf

VORSPIEL

BEGRÜSSUNG

LIED „Seht, die gute Zeit ist nah" (EG 18)

GEBET (I) Wir warten auf Weihnachten.
Ungeduldig zählen wir die Tage.
Die Tage sind spannend und geheimnisvoll.
Wir warten auf dich, Gott.
Wir warten darauf, dass du uns näher kommst.

LIED „Seht die gute Zeit …"

GEBET (II) Wir warten auf Weihnachten.
Gespannt sind wir auf die Geschenke.
Die Geschenke sind bunt und voller Überraschungen.
Wir warten auf dich, Gott.
Wir warten darauf, dass du uns überraschst.

LIED „Seht die gute Zeit …"

GEBET (III) Wir warten auf Weihnachten.
Fröhlich blicken wir auf das Kerzenlicht.
Das Kerzenlicht macht hell und warm.
Wir warten auf dich, Gott.
Wir warten darauf, dass du deine Liebe
unter uns ausbreitest.

LIED „Seht die gute Zeit …“

ERÖFFNUNG

EINGANGSGEBET

LIED „Es ist für uns eine Zeit angekommen“ (EG 545)

FLÖTE intoniert das Lied „Es kommt ein Schiff geladen …“ – *Während des Liedes tragen Kinder die Kogge herein und stellen sie gut sichtbar auf einem Podest (mit blauem Tuch verhüllt) im Altarraum ab. Ein TP beleuchtet die Kogge.*

Die Kogge erzählt:

Ich bin ein stolzes Handelsschiff. Vor 500 Jahren fuhr ich mit geblähten Segeln über die Meere. Kostbar ist meine Ladung – seltene Waren aus fremden Ländern stapeln sich in meinem Bauch und hinter meinen hohen Borden: duftende Gewürze aus Indien, schmackhafte Früchte aus Afrika, edle Spitzen aus Persien, feine Seide aus China.

Wenn ich nach wochenlanger Fahrt einen Hafen ansteuere, laufen die Menschen neugierig zusammen. Sie freuen sich auf die Schätze, die ich von fernen Ufern mitbringe. Sie freuen sich auf die Nachrichten aus einer anderen Welt.

FLÖTE „Es kommt ein Schiff …“ (Wiederholung)

ÜBERLEITUNG: „… (NN) und … (NN) haben eben ein altes Lied geflötet. Das Lied ist so alt wie die Kogge, die eben von sich erzählt hat. – Mehr als 500 Jahre alt. Das Lied erzählt auch von einem Schiff und seiner kostbaren Ladung.“

LIED „Es kommt ein Schiff geladen bis an sein’ höchsten Bord, trägt Gottes Sohn voll Gnaden, des Vaters ewigs Wort.“ (EG 8,1)

Sprecher 1: Schiffe bringen nicht nur Waren, kostbare Waren wie Weihrauch und Safran, Apfelsinen und wertvolle Spitzen. Ein Schiff kann auch Wünsche und Hoffnungen tragen. – Sinnbildlich gesprochen: Ein Schiff kann auch zwei Welten miteinander verbinden: Meer und Land, Himmel und Erde, Gott und Mensch.

Sprecher 2:	Unser Adventsschiff trägt auch einen Schatz. Diesen Schatz kann man nicht mit Geld bezahlen. Diesen Schatz kann man in keinem Kaufhaus der Welt kaufen.
Sprecher 1:	Unser Adventsschiff trägt ein Kind. Sehnsüchtig wird es erwartet, so wie seit Jahrtausenden Eltern ihr Kind sehnsüchtig erwarten und in dieser Welt willkommen heißen.
Sprecher 2:	Unser Adventsschiff trägt ein Kind. – Und das Kind aus der Welt Gottes hat einen Namen: – *Sohn Gottes* heißt das Kind – *Messias* wird das Kind genannt. – *Heiland* heißt es, denn einst wird es Menschen heilen und wieder froh machen – *Wort der Liebe, Wort von Gott* wird das Kind genannt. – Das Kind bringt Worte der Liebe von Gott und trägt sie in unsere Ohren und Herzen.

LIED „Es kommt ein Schiff" (EG 8,2)

„Das Schiff geht still im Triebe, es trägt ein teure Last,
das Segel ist die Liebe, der Heilig Geist der Mast."

Sprecher 1:	Unser Adventsschiff hat verschiedene Teile *(Strahler wechselt und beleuchtet abwechselnd die diversen Teile des Schiffes).*
Sprecher 2:	Da ist der *Schiffsrumpf*, der die Ladung, die teure Last aufnimmt.
Sprecher 1:	Zum Schiff gehört auch ein Segel. Frischer Wind blast in das Segel und treibt das Schiff voran, treibt es über die Meere.
Sprecher 2:	Die Eltern haben nachgedacht, was für sie „Liebe" bedeutet und was sie ihren Kindern aus Liebe wünschen …
Sprecher 1:	Mit ihren Gedanken sind die Eltern ganz nah bei dem Lied. In der 2. Strophe heißt es: „Das Segel ist die Liebe".
Sprecher 2:	Liebe ist wie Wind. Liebe bewegt Menschen. Liebe gibt ihnen Mut.
Sprecher 1:	Ohne Wind bewegt sich kein Schiff. Ohne Wind bleiben die Segel schlaff.
Sprecher 2:	Ohne Liebe verkümmert und erstarrt Leben.
Sprecher 1:	Liebe ist wie Wind. Liebe bewegt Menschen. Liebe gibt ihnen Mut.

ZWISCHENMELODIE

	(Flöten)
Sprecher 2:	Das Segel ist die Liebe, der Heilig Geist der Mast.
Sprecher 1:	Ohne Mast hält kein Segel, ohne Gottes guten Geist verkümmert die Liebe. Wo Gottes guter, Leben schaffender Geist Menschen bewegt, kommt unser Lebensschiff in Fahrt.
Sprecher 2:	Das Adventsschiff erinnert uns immer wieder daran, dass kostbare Fracht für jeden von uns unterwegs ist: Gott wird Mensch – Gott wird ein Kind.
LIED	EG 8,1.2
FÜRBITTEN	
VATERUNSER	
LIED	„Macht hoch die Tür“ (EG 1,1.5)
SEGEN	

6 Du spielst eine Rolle

Thematisches Stichwort

In dem bekannten Kinderlied von M.G. Schneider träumt sich ein Kind in die bunte Fülle von Möglichkeiten für das eigene Leben: Steuermann oder Kapitän möchte es sein, Clown oder Dompteur, Politiker oder Schlagersänger, Filmstar oder Weltraumfahrer möchte es werden. Und da *ein* Leben zur Realisierung all dieser Wünsche nicht ausreicht, wünscht es sich „sieben Leben", damit „alle Träume, alle … Wünsche wahr" werden können.

In eine andere Rolle schlüpfen (gelegentlich zumindest), eine Maske aufsetzen, Schwachstellen verdecken, Stellen schützen, an denen ich verwundbar bin, – das sind nicht nur Kinderträume. Die Sehnsucht nach einem Rollenwechsel und der Wunsch, sich zu verkleiden, eine Rolle zu spielen, manifestiert sich nicht nur zur Karnevalszeit.

Für junge Eltern füllt sich das Thema „Rolle“ noch einmal anders. Sie spielen viele Rollen – und sie spielen sie oft gleichzeitig: als Mutter oder Vater, als (Ehe-)Partner*in* und Tröster*in*, als Märchenerzähler*in* und Deuter*in* von verschlungenen Weltgeheimnissen.

Es ist gut zu wissen, dass ich für Gott eine Hauptrolle spiele, dass er mich nicht ein für alle Mal auf eine Rolle festlegt, dass er mich mit und ohne Maske liebt. Er mag mich, wie und wo ich gerade bin. Jeder Mensch, jedes Leben ist ein Geschenk, ist Gottes geliebtes Geschöpf.

Die letzte Strophe des o.g. Liedes nimmt in der Form eines Gebetsrufes einen Perspektivenwechsel vor:

„Sieben Leben möchte ich haben!
Eines ist mit zugeteilt.
Und nur eines kann ich leben,
ehe es im Nu enteilt.
Daß dies eine, meines, hier
mit Freude, Kummer, Pflicht und Spaß
doch ein gutes Leben würde:
Hoffentlich gelingt mir das.“

Die Taufe spricht jedem Menschen zu, dass er vor Gott eine wichtige, einmalige Rolle spielt, dass sein Leben gesegnet ist und er (s)einen Namen trägt.

Vorbereitung

Rollenspiel:	– Besetzung der fünf Rollen und Einübung des Rollenspiels – Requisiten (s. M1)
Geschenk:	Alte Filmspulen, 16 mm (in Medienzentren erfragen), die die Eltern auf dem die Taufe vorbereitenden Taufelternabend mit farbigen Segmenten beklebt und beschriftet haben.

Verlauf

VORSPIEL

BEGRÜSSUNG

LIED	Kinder-Träume-Lied: „Ich möchte eine Wolke sein“ (Strophe 1–4, aus MC, Solange die Erde lebt, Menschenkinder-Verlag)

EINGANGSWORTE UND GEBET

LIED „Er hält die ganze Welt“

(Text überliefert, Melodie: Spiritual, aus: Menschenskinderlieder, Nr. 45)

ROLLENSPIEL „Die Rolle meines Lebens“ (s. M1)

LIED Kinder-Träume-Lied (Strophe 5–7)

DEUTUNG (Aspekte):

- Würdigung des bunten Bildes, der Kostüme und der Träume, die sich darin vielleicht ausdrücken.
- Erinnerung an die div. „Traumrollen“ im vorhergehenden Rollenspiel „Die Rolle meines Lebens“ als Kontrapunkte zum Alltag.
- Die vielen neuen Lebensrollen der Eltern, die diese in Liebe zu ihren Kindern ausfüllen – Entdeckung neuer Gaben/Begabungen und Wertigkeiten.
- Unsere Rolle vor Gott (s. thematisches Stichwort), – die neue Rolle als einmalige Söhne und Töchter Gottes, die uns in der Taufe zugespielt wird.

LIED „Sieben Leben möchte ich haben“

Träte auf im nächsten Leben dann im Zirkus, bitte sehr,

Sieben Leben möchte ich haben

und man würde mich bestaunen, mal als Clown,
mal als Dompteur.
Und im dritten Leben käm' ich als Politiker heraus,
konferierte täglich zwischen Moskau und dem Weißen Haus.

Filmstar und auch Schlagersänger, dieses reservier' ich mir (schnelle Autos, schöne Frauen)
für das Leben Nummer vier.
Um der Menschheit aufzuhelfen,
wär' im fünften Leben ich ein gar hochberühmter Arzt
und Wunderdoktor sicherlich.

Sechstes Leben: Das Bisher'ge scheint mir alles zu gering.
Weltraumfahrer möchte ich werden. Das wär' schon
ein tolles Ding. Und im siebten Leben wär' ich –
ja, was könnt' ich da noch sein?
Ganz gewiss fällt mir bis dahin irgendwas Besondres ein.

Sieben Leben möchte ich haben! Eines ist mir zugeteilt.
Und nur eines kann ich leben, ehe es im Nu enteilt.
Dass dies eine, meines, hier mit Freude, Kummer,
Pflicht und Spaß doch ein gutes Leben würde:
Hoffentlich gelingt mir das.

(Musik und Text: M.G. Schneider, Sieben Leben möchte ich haben. Neue Lieder für Schule, Gemeinde und Familie, Christophorus/Kaufmann, Freiburg/Lahr 41986, S. 44f)

FÜRBITTEN

VATERUNSER

KANON „Der Himmel geht über allen auf …“ (EG 611)

SEGEN

Du spielst eine Rolle **M1**

Setting und Requisiten: TV-Show *„Die Rolle meines Lebens"*: 1 Moderator und 4 Kandidat*innen*; als Blickfang ein großer geöffneter Koffer (oder mehrere); Kleidung, mobiler Kleiderständer, großer Spiegel, etc. (Garderobenatmosphäre) ... Der Moderator (M) begrüßt die Zuschauer*innen* und beschreibt kurz, dass es in *„Die Rolle meines Lebens"* darum geht, vier Menschen („wie du und ich") für einen Tag einen Traum zu erfüllen. Die vier Kandidat*innen* (K 1–4) dürfen für einen Tag in ihre „Traumrolle" schlüpfen.

Person	Regieanweisung	Text
M		Wer wollte als kleiner Junge nicht Lokführer oder Feuerwehmann werden? Welches Mädchen hat nicht einmal davon geträumt, ein berühmter Filmstar zu sein ...? Vier Menschen wie du und ich haben heute die Chance, einmal in die Rolle ihres Lebens zu schlüpfen. Ein Traum wird wahr. Begrüßen Sie mit mir: N.N. aus ... Frau N.N., Sie sind von Beruf (Familienstand). Sie wollen heute einmal ein Maler (Flugkapitän, Filmstar, Weltenbummler) sein ...
	Während M K 2 begrüßt, zieht sich K 1 in der Sakristei um; während K 3 begrüßt und vorgestellt wird, verschwindet K 2 usw.	
	K 1 erscheint als Malerin verkleidet (Palette, Pinsel, Staffelei)	
M		Frau N.N., Sie haben Ihre Rolle getauscht. Sie sind nun nicht mehr Ehefrau, Mutter und Hausfrau, sondern freischaffende Künstlerin. Wie fühlen Sie sich in Ihrer neuen Rolle?

K 1		Ein bischen ungewohnt ist es schon. Aber es war schon immer ein Traum von mir, kreativ und unabhängig zu sein. Frei-schaffend eben. Als Malerin bin ich frei in dem, was ich tue. Niemand kann mir vorschreiben, was ich male.
	K 1 malt und lässt sich nicht aus der Ruhe bringen	

M		Wir begrüßen nun Herrn N.N. Nicht mehr Mitarbeiter einer großen Handelskette, sondern als Flugkapitän reist er heute um die halbe Welt und trägt große Verantwortung. Wie fühlen Sie sich in Ihrer neuen Rolle, Herr N.N.? – Ihre neue Uniform steht Ihnen übrigens ausgesprochen gut.
K 2		Nicht Lokführer wollte ich als Junge werden, sondern immer schon Pilot. Leider hat meine Gesundheit diesen Beruf nicht zugelassen. Aber heute habe ich es geschafft. Ich bin der Chef im Cockpit eines großen Fliegers. Der Traum vom Fliegen ist wahr geworden. Sie müssen mich deshalb auch sofort entschuldigen. In einer Stunde geht der Flug LH 1765 nach New York. Die Airline duldet keine Verspätungen. Und vor dem Take-Off gibt es noch viel zu tun …
	K 2 verlässt zügig, aber einem Flugkapitän angemessen die Bühne.	

M		Rucksack, Campingkocher, Moskitonetz, Kompass – Herr N.N., Sie sind Weltenbummler und Überlebenskünstler. Was reizt Sie an Ihrer neuen Rolle?

K 3 Ich schaue mir jeden Film über ferne Länder im Fernsehen an. Seitdem es das Internet gibt, surfe ich virtuell über den Globus. Sie müssen wissen, ich sitze jeden Tag acht Stunden an meinem Schreibtisch im Büro. Da fängt man an zu träumen: einfach mal alles liegen lassen, den Rucksack gepackt und los. Wie früher, als ich als junger Mensch einmal zwei Wochen quer durch Europa gezogen bin. Aber das ist eben heute mit Familie nicht mehr so einfach. Man hat so viele Verpflichtungen im Beruf, in der Familie. Deshalb habe ich es schon genossen, als ich vorhin den Rucksack gepackt habe, man muss da ganz systematisch vorgehen, darf nichts vergessen. Und am allerwichtigsten: gutes Kartenmaterial …

K 3 bekommt glänzende Augen

K3 fängt an, in einer Wanderkarte zu lesen.

M „Die Rolle meines Lebens" – wir begrüßen nun den internationalen Filmstar N.N. Frau N.N., Sie haben wenig Zeit. Erzählen Sie uns kurz aus Ihrem neuen Leben.

K 4 Sie müssen wissen: Als international bekannte Schauspielerin muss ich so viele Interviews geben. Tag für Tag. Und dann die vielen Filmangebote. Das meiste erledigt Gott sei Dank mein Agent für mich. So viele Menschen wollen etwas von mir. Da fällt es schon schwer, nicht auch jetzt eine Rolle zu spielen. Meine Rolle ist es ja nun einmal,

Rollen zu spielen. Da frage ich mich manchmal schon: „Wer bist Du eigentlich wirklich? Welche Rolle passt zu dir? Welche Rolle ist die Rolle deines Lebens?"

M Ah ja, wir sehen: Frau N.N. geht voll und ganz auf in ihrer neuen Rolle. Aber auch die anderen haben uns überzeugt. Einen herzlichen Dank an unsere Kandidaten. Das Spiel ist nun aus. Unsere vier Kandidaten haben ihre Rolle des Lebens gefunden. Welches ist Ihre Rolle des Lebens? Bewerben Sie sich. Seien Sie unsere Kandidatin, unser Kandidat, wenn es in vier Wochen wieder heißt: „Die Rolle meines Lebens".

Abgang mit Musik

7 Brachzeit

Thematisches Stichwort

Brachzeit ist scheinbar nutzlose, „tote" Zeit, Zeit, in der nichts passiert. In Wirklichkeit ist Brachzeit eine höchst wichtige Zeit – Zeit des Zur-Ruhe-kommens, der Regeneration, des Kräftesammelns für neues Wachstum. Das verborgene Leben bereitet sich auf neues Blühen, auf neue Aktivität vor.

Vorbereitungen

Vorzubereiten sind:
- Dias/ Folien zum Thema. Wir haben z.B. Dias mit folgenden Motiven im Winter fotografiert und im Gottesdienst eingesetzt:

Bild 1: „Leblose" Baumzweige vor Winterlandschaft mit Dorfsilhouette im Hintergrund
Bild 2: Nackte Baumkrone vor blauem Himmel
Bild 3: Äste mit Resten von Herbstlaub

Bild 4: Ackerfurche mit dicken Schollen, z.T. mit Schnee bedeckt
Bild 5: dto. (Nahaufnahme)
Bild 6: Schneeglöckchen, aus dem Schnee hervorbrechend
Bild 7: Strauch mit (verschlossenen) Knospen

Bereitzustellen sind:
– Diaprojektor und Leinwand
– Sprecher für Meditationstext

Verlauf

ORGELVORSPIEL

BEGRÜSSUNG

LIED „Die güldene Sonne“ (EG 444,1–5)

ERÖFFNUNG (mit Psalm)

GEBET

ÜBERLEITUNG Das Überraschende, Unalltägliche des Themas – Einladung zum Betrachten von Bildern aus der Natur, die ins Thema führen.

BILDMEDITATION (I)

Während die Dias in Ruhe projiziert werden, spielt leise eine Flöte (z.B. „Zeit für Ruhe ...“, SL 231)

ZWISCHENSPIEL (gleiche Melodie, aber etwas lauter)

BILDMEDITATION (II)

Zwei Sprecher*innen*, in unterschiedliche Tücher gekleidet, sprechen den folgenden Text (parallel zur erneuten Projektion des Dias, das einen winterlichen Ast zeigt):

Sprecher/in 1 (braunes Tuch): Von außen gesehen bin ich trocken und leblos.
Traurig sehe ich aus und unansehnlich.

Vorbei ist die Zeit, wo mich Blüten und bunte Blätter schmückten.
Vorbei ist die Zeit, in der Vögel in meiner Krone ungestört ihr Lied anstimmten.
Alle Blätter und Früchte, die ich einst trug, sind abgefallen.
Alles Leben scheint ausgezogen.
Man könnte meinen, ich sei schon abgestorben.

(ZWISCHENMUSIK)

Sprecher/in 2 (zartgrünes Tuch): Von innen gesehen ergibt sich ein ganz anderes Bild:
In mir ist Leben, wenn auch Leben auf Sparflamme.
In mir steigen Säfte aus den Wurzeln – wenn auch ganz langsam, viel langsamer als im Frühjahr oder im Sommer.
Ich mag den Winter; ich mag die Brachzeit, denn dann kann ich mich ausruhen und träumen.
Ich denke zurück an das vergangene Jahr, Ich male mir aus, wie es sein wird, wenn die Kälte der Wärme weicht. Ich träume davon, wenn neues Chlorophyll in mir aufsteigt, wenn Blätter, zartes Grün und Knospen sprießen.
Ich brauche Zeiten der Ruhe, um Vergangenes zu verarbeiten. Ich brauche Zeiten der Ruhe, um Kräfte für neues Wachstum zu sammeln.

(ZWISCHENMUSIK) langsam lauter werdend

LIED „Zeit für Ruhe" (SL 231,1–3)

ANSPRACHE (Aspekte)

Brachzeit (B.) – Zeit, in der früher der Acker unbestellt blieb, um zu regenerieren. B. – scheinbar nutzlose, ineffektive Zeit. – Bäume sind kahl und wie tot, Ackerscholle wie vergessen, Zweige dürr und wie ohne Leben. Das Leben hat sich zurückgezogen. Tiere halten Winterschlaf, Bäume und Sträucher ruhen sich aus, die Felder ruhen sich aus und bereiten sich vor auf neues

Leben. B. ist Auszeit, Ruhezeit. Die Schöpfung braucht die Brachzeit – und der Mensch braucht sie auch (Parallelen zur Zeit/z.B. zu Erfahrungen der Mütter vor der Geburt).
Die Schöpfung braucht die Ruhe und mit ihr der Mensch als Teil dieser Schöpfung Gottes. Ja, Gott selbst ruhte am 7. Tag …
Der Mensch unserer Tage hat die Tendenz, das zu vergessen/zu verdrängen (Beispiele für Geschwindigkeitsrausch, Rastlosigkeit und Wahn der Gleichzeitigkeit).
Wir brauchen Brachzeiten als Zeiten der Ruhe, Entspannung und des Atemholens, Wechsel von Aktiv- und Ruhezeiten bei den Babys/Täuflingen.
Kinder und Erwachsene brauchen die B., um die aktiven Phasen unseres Lebens verarbeiten zu können (ggf. Hinweis auf die Parallelen zwischen Brachzeiten im Wechsel der Jahreszeiten und dem Sonntag, dem Tag der Gottesruhe, im Wochenrhythmus).

LIED „Der Himmel geht über allen auf …“ (EG 611)

FÜRBITTEN

VATERUNSER

SEGENSLIED z.B. „Bewahre uns Gott, behüte uns Gott“ (EG 171)

8 Vom Kreuzbaum zum Lebensbaum

Thematisches Stichwort

Im Münster von Bad Doberan (Mecklenburg-Vorpommern) erhebt sich aus dem Kreuzaltar ein monumentales Holzkreuz, aus dem grüne Weinblätter sprießen. Die Botschaft des mittelalterlichen Bildhauers (um 1367/70) ist deutlich: Der neu ausgeschlagene Kreuzesbaum wird zum Symbol der Überwindung des Todes, ein in der mittelalterlichen Ikonographie häufiger angewendetes Stilmittel („von einem Baum kam der Tod, von einem Baum sollte neues Leben entstehen“ = aus der Präfation vom Fest Kreuzerhöhung, zit. nach M. Hoffsümmer, Lexikon alter und neuer Symbole, Grünewald/Mainz 1999, S. 19).

Die Vorstellung vom Kreuz als Lebenssymbol greift auf das Motiv vom „Baum des Lebens“ in der Paradiesgeschichte (Gen 2,9; vgl. 3,22.24) zurück: Eine Legende erzählt, das Kreuz Jesu sei aus eben diesem Lebensbaum gefertigt worden – der Kreuzesstamm wird zum „Holz des Lebens“, das Kreuz zum Lebensbaum.

Der Seher Johannes schaut im himmlischen Jerusalem „einen Strom lebendigen Wassers, klar wie Kristall, der ausgeht von dem Thron Gottes und des Lammes; mitten auf dem Platz und auf beiden Seiten des Stromes Bäume des Lebens, die tragen zwölfmal Früchte, jeden Monat bringen sie ihre Frucht, und die Blätter der Bäume dienen zur Heilung der Völker." (Offb 22,1f) Die angefochtene Gemeinde von Ephesus tröstet Christus mit dem Bild „Wer überwindet, dem will ich zu essen geben von dem Baum des Lebens, der im Paradies Gottes steht" (Offb 2,7).

Schon ein Gebet aus dem 3. Jahrhundert kennt den Zusammenhang von Kreuzbaum und Lebensbaum (bzw. Weltenbaum): „Siehe, es liegt ein Ort in der Mitte des sichtbaren Erdenrundes, den ... die Juden Golgatha nennen. Hier ward ein Baum ohne Wurzeln und ist eingepflanzt – und hat heilsame Frucht getragen. Diese Frucht, aus ursprünglichem Samen gereift, nahm, da sie abfiel, der dunkle Schoß der Erde auf. Aber im dritten Licht – Erde und Himmel erstaunten – spross es wieder empor mit grünenden Blättern des Lebens ... Dies ist das Holz des Lebens für alle, die glauben. Dies ist der Baum, der ewig euch stärkt." (zit. nach D. Steinwede, Auf beiden Seiten des Flusses wächst der Baum des Lebens, Gütersloh 1999, S. 42)

Das Attribut „Weinblätter" im Monumentalkreuz von Bad Doberan verstärkt die Aussage noch: Die Weinblätter verweisen einerseits auf Christus, der von sich sagt „Ich bin der (wahre) Weinstock, (ihr seid die Reben)" (Joh 15,1.5). Der Weinstock ist außerdem aber im alten Orient Symbol der Unsterblichkeit und des ewigen Lebens (das sumerische Zeichen für „Leben" war ursprünglich ein Weinblatt (vgl. E. Forstner, Die Welt der christlichen Symbole, Tyrolia, Innsbruck/Wien 1986, S. 174).

Moderne, zumeist latein-amerikanische Ikonographie zitiert die mittelalterliche Kreuzbaum-/Lebensbaumtradition, indem sie das „Kreuz in dem gekreuzigten Körper Jesu von verschiedenen Personen, Kindern, Tieren und vor allem auch von Pflanzen umgeben" sein lässt (E. Moltmann-Wendel, Art. „Kreuz", in E. Gössmann u.a. [Hg.], Wörterbuch der feministischen Theologie, Gütersloher Verlagshaus, Gütersloh 22002, S. 353).

So ist das Kreuz als Inbegriff christlichen Glaubens nicht nur Symbol des Todes und der Vergänglichkeit, sondern auch Symbol des Sieges über den Tod, Metapher neuen Lebens, der Hoffnung und der Versöhnung: „Einst wird sich das Kreuz belauben und die Schöpfung auferstehen." (W. Bergengruen, Sämannslied, in: Und die Toten laufen frei herum, Düsseldorf 1994)

Der Ansatz „Kreuzbaum – Lebensbaum" greift alte Bilder auf und eröffnet einen neuen Zugang zum Geheimnis der Auferstehung. Karfreitag wird durch die Blumen am Kreuz nicht mit Hilfe eines dramaturgischen Tricks rückgängig gemacht; das Kreuz bleibt als Stachel und Ärgernis erhalten, verliert aber seinen Endgültigkeitscharakter.

Vorbereitung

- Zwei stärkere Äste (ca. 240 cm x 160 cm) sind zu einem Kreuz zusammenzubinden und mit feinmaschigem Draht zu umwickeln. Das Kreuz wird an der gewünschten Stelle mit Hilfe eines Weihnachtsbaumständers fixiert.
- Blumen, blühende Zweige und Grünzeug sind zu besorgen, auf die benötigte Länge zu schneiden und in Körbchen vor dem Kreuz bereitzustellen.
- Der Eindruck des „geschmückten“ Kreuzes wird verstärkt, wenn zum Anstrahlen ein Tageslichtprojektor (TP) bereitsteht.
- Die *Spielszene* ist vorzubereiten und geeignete Requisiten (Umhänge o.ä.) sind bereitzulegen.

Verlauf

(ORGEL-) VORSPIEL

BEGRÜSSUNG

LIED „Du bist da, wo Menschen leben“ (SL 160,1–3)

PSALMGEBET (Wechsel zwischen G und P)

Gott, ich bin traurig
Hast du mich vergessen ?

Gott, ich rufe: Erbarme dich!
Öffne deine Ohren und hör mein Schreien.

Keiner will mich hören
Ich rufe zu dir.
Ich mag nicht mehr leben,
ich bin wie tot.

Gott, ich rufe: Erbarme dich!
Öffne deine Ohren und hör mein Schreien.

Meine Freunde wenden sich ab von mir.
Meine Kräfte schwinden,
ich kann nicht mehr.

Gott, ich rufe: Erbarme dich!
Öffne deine Ohren und hör mein Schreien.

Dunkelheit ist um mich,
ich habe Angst.

Wohin soll ich gehen,
läßt du mich allein?

Gott, ich rufe: Erbarme dich!
Öffne deine Ohren und hör mein Schreien.

(aus: J. Koerver u.a. [Hg.], Sagt Gott, wie wunderbar er ist. Alte und neue Psalmen zum Sprechen und Singen, © Verlag Junge Gemeinde, Leinfelden-Echterdingen, 21995, S. 47)

LIED „Als Jesus gestorben war“ (SL 136,1f)

SPIELSZENE „Vom Kreuz zum Lebensbaum“ in 3 Szenen (s. M1)

SZENE (I) „Unter dem Kreuz“

(ZWISCHENMUSIK)

SZENE (II) „Das Kreuz wird zum Lebensbaum“

(ZWISCHENMUSIK)

SZENE (III) „Das Kreuz als Zeichen, das uns Gott mit Ostern schenkt“

LIED „In der Mitte der Nacht“ (SL 266)

DEUTUNG (Aspekte)

Wenige Bilder sagen manchmal mehr als viele Worte.
Ich rufe noch einmal das *1. Bild* in Erinnerung: das Kreuz

– dunkel
– nackt
– abweisend
– tot

Das Kreuz – Zeichen des Schmerzes und des Todes, Symbol der zerbrochenen Hoffnung. Das Kreuz weist uns auf Kreuze hin, die *heute* Menschen zu tragen haben, ihre Enttäuschungen und zerbrochenen Hoffnungen. An diesem Kreuz ist Platz für alle – für die kleinen und großen Kreuze auch unserer Zeit. Dies ist das Bild, bevor die traurigen Jünger die Frauen treffen.

Und dann das *2. Bild*: Die Lebensbotschaft der Frauen verändert alles! „Das Grab ist leer!“ – „Jesus ist auferstanden!“ – „Der Gekreuzigte – lebt!“

Das erste Bild, das Bild des Todes, weicht dem zweiten Bild. Das Todeskreuz wird zum Lebensbaum! *(Ggf. jetzt TP einschalten und das geschmückte Kreuz anstrahlen).*

Aus dem toten Holz brechen Blüten und Zweige hervor
– Zeichen für Hoffnung
– Zeichen für neues Leben
– Zeichen für das neue Leben, das Gott uns mit Ostern schenkt (ggf. Hinweis auf Bad Doberan → grüne Blätter aus dem Stamm des Kreuzes).

Das Kreuz ist nicht weg (Ostern macht Karfreitag nicht rückgängig), aber es verwandelt sich.
Das Kreuz wird zum Lebensbaum, das Kreuz lebt. Gott lässt neues Leben aus dem Tod wachsen – immer wieder. Keine Situation ist hoffnungslos. Auch in dem, was sterben muss, ist die Verheißung und der Keim für neues Leben. Das Leben ist voller österlicher Symbole und Zeichen des Lebens – man muss sie nur suchen.

LIED „Wir wollen alle fröhlich sein“ (EG 167,1.3)

FÜRBITTEN

VATERUNSER

SEGENSLIED „Segne uns mit der Weite des Himmels“

SEGEN

Spielszene: Vom Kreuzbaum zum Lebensbaum **M1**

Szene (I) „Unter dem Kreuz"

Drei Jünger: J1 – J2 – J3

J1: Ich bin ganz traurig und ohne Mut! Jesus ist tot.
J2: Damit habe ich nicht gerechnet. Er hat doch so viel Gutes getan.
J3: Was soll ich jetzt bloß machen? Ich kann es noch gar nicht begreifen!

J1: Es ist alles so sinnlos!
J2: Alles habe ich hinter mir gelassen und bin mit Jesus gezogen! Jetzt soll das alles vorbei sein?
J3: Ich weiß auch nicht, wie es weitergehen soll! Was soll ich noch in Jerusalem? Ich glaube, ich gehe zurück nach Galiläa.

J1: Ich traue mich nicht, aus dem Haus zu gehen!
J2: Ich auch nicht! Was ist, wenn uns jemand erkennt?
J3: Wir waren doch Freunde Jesu. Viele haben uns mit ihm zusammen gesehen!

J1: So viele Bilder sind noch in meinem Kopf, z.B. das Bild, als die Kinder zu uns kamen und Jesus sie zu sich rief und auf den Arm nahm.
J2: Erinnert ihr euch noch, als Jesus den Gelähmten wieder aufgerichtet hat?
J3: Und wisst ihr noch, als viele Hunger hatten und Jesus ihnen zu essen gab und alle satt wurden ?

J1: Das ist jetzt alles vorbei?
J2: Schrecklich! Wofür lebe ich denn jetzt noch? Ich bin ganz mutlos!
J3: Wer soll uns denn jetzt weiter helfen? Ich fühle mich, als säße ich in einem dunklen Loch!

(ZWISCHENMUSIK)

Szene (II) „Das Kreuz wird zum Lebensbaum"

Frauen: F1 – F2 – F3 und die Jünger

J1: Seht, da kommen Maria und Maria Magdalena!
J2: Ihr seht so zuversichtlich aus!
J3: Seid ihr gar nicht mutlos?

F1: Stellt euch vor, was wir erlebt haben!
F2: Der Stein vor dem Grab war weg!
F1: Jesus ist auferstanden!
F2: Es ist nicht alles vorbei!
F3: Wir haben neuen Lebensmut!
Wir müssen von Jesus weitererzählen!
F1: Wir wollen – wie er – die Menschen trösten!
F2: Uns um die kümmern, die Hunger haben!
F3: Kinder wollen wir lieb haben, wie er es uns gezeigt hat!

J1: Ihr seid ja wie verwandelt!
J2: Das gibt auch mir neue Hoffnung.
J3: Mir fällt ein Stein vom Herzen!

(ZWISCHENMUSIK)

Szene (III) „Das Kreuz als Zeichen, das Gott uns mit Ostern schenkt"

Die „Frauen" beginnen als erste, das Kreuz des Todes mit Blumen zum Kreuz des Lebens, zum Lebensbaum zu verwandeln. Die „Jünger" verteilen Blumen/Zweige ... unter die Gottesdienstbesucherinnen und laden zum Schmücken des Kreuzes ein *(ggf. während dieser Aktion leises Zwischenspiel – Orgel/Flöte).*

9 GLOCKEN, DIE VON OSTERN ERZÄHLEN

Thematisches Stichwort

Ausgehend von den Klöstern des Orients, wo kleine Glocken zum Gottesdienst und zu den Stundengebeten riefen, wanderte die Glocke als Ruf- und Signalinstrument durch Nordeuropa, über Irland nach Gallien, Nordafrika und Italien (6.–8. Jahrhundert). „Seit dem 13. Jahrhundert erhalten sie Namen, Inschriften und Ornamente, bis schließlich die Kunst des Glockengießens im 15. und 16. Jahrhundert ihren Höhepunkt erreicht und Exemplare von außerordentlicher Größe und feierlich-tiefen Klang erzeugt.“ (D. Forstner, Die Welt der christlichen Symbole, Tyrolia, Innsbruck/Wien 51986, S. 394).

In katholischen Gegenden schweigen die Glocken – als Zeichen der Trauer – von Gründonnerstag bis einschließlich Karsamstag. Erst in der Osternacht erwachen sie zu neuem Leben. Mit ihrem tiefen Klang unterstreichen sie nach der Zeit der selbstgewählten Stille die Oster – Auferstehungsbotschaft.

Eine Legende erklärt die Bedeutung der botanischen Osterglocke („Narcissus Pseudonarcissus“) so:

Eines Jahres bemerkte die Glocke am Gründonnerstag, daß sie keine Kraft mehr hatte. Sie schwieg. Sie versuchte, neue Kräfte zu sammeln, doch sehr bald spürte sie, daß sie nie mehr läuten werde. Da begann die große Glocke zu weinen. Das hörten die Tauben, die im Kirchturm nisteten, das hörten die Frühlingsblumen, die am Fuße des Kirchturms zu blühen begannen, und alle überlegten, was zu tun sei.

„Meine allergrößte Sorge ist es", sagte die alte Glocke zu den Frühlingsblumen, „daß am Ostersonntag das Osterläuten nicht zu hören sein wird. Die Osterbotschaft bleibt vielleicht nur in der Kirche und wird nicht hinaus in die Welt getragen."

Eine kleine, gelbe Blume meldete sich zu Wort, holte tief Luft und begann ganz aufgeregt zu sprechen: „Schau einmal auf uns kleine Blumen! Wir sehen dir sehr ähnlich, und wenn deine Botschaft so wichtig ist, dann zeig uns, wie man läutet. Wir werden in diesem Jahr die Osterbotschaft läuten: Wir blühen fast in jedem Garten, da werden es die Menschen schon mitbekommen ..." (A. Tadday, aus: Kindermeßbörse 1998/1, S. 5).

Kirchenglocken und Osterglocken haben im Blick auf Ostern Symbolkraft: Das Schweigen des Todes ist gebrochen, das Wiedererwachen der Natur (nach der Toten-Starre des Winters) unterstreicht den Sieg des Lebens über den Tod.

Verlauf

GLOCKENGELÄUT

VORSPIEL

BEGRÜSSUNG

LIED „Wir wollen alle fröhlich sein (EG 100,1.4.5)

ERÖFFNUNG

PSALM

GEBET

AUF GLOCKEN HÖREN (Aspekte)

Hoch oben im Turm hängen unsere Glocken. Drei sind es an der Zahl *(je nach örtlichen Gegebenheiten variieren)*.
Eine *kleine* Glocke: Wenn sie erklingt, hört sich das so an: *(kleine Glocke erklingt)*.
Eine *mittelgroße* Glocke: Ihr Ton klingt etwas tiefer: *(mittlere Glocke erklingt)*.
Jeder Mensch weiß: Je größer die Glocke, umso tiefer ihr Ton. Jetzt hören wir die *große* Glocke *(große Glocke erklingt)*.
Glocken werden gegossen aus Bronze oder aus Stahl. Jede Glocke hat ihren eigenen, unverwechselbaren

Klang. Zusammen klingen sie dann in einem schönen Dreiklang *(alle drei Glocken erklingen).*

LIED „Es läuten alle Glocken“

Wir grüßen dich, Herr Jesus, im Gotteshause hier.
Wir sind nun deine Gäste. Wir danken Dir dafür.

Laßt alle Kinder kommen, so sagt Herr Jesus Christ.
Sie sollen zu mir kommen und wehrt es ihnen nicht

Er will uns glücklich machen, von Herzen froh und gut.
Als seinen Gotteskindern gibt er uns frischen Mut.

(Text: H. Bergmann; Musik: H. Wortmann; aus SU 330 „Pfälzer Kindermesse“; Rechte beim Studio Union im Lahn-Verlag Limburg)

EVANGELIUM

LIED Sing mit mir ein Halleluja (SL 234,1–5)

BOTSCHAFT DER GLOCKEN (Aspekte)

Glocken sind weithin zu hören, laden ein, klingen feierlich.
Früher warnten sie Menschen vor Feuer/Gefahr.

Glocken sagen die Zeit an, begrüßen in der Silvesternacht das Neue Jahr.
Laden zum Gottesdienst, zu Trauung, Beerdigung, begleiten das Vaterunser *(ggf. Hinweis auf Namen der Glocken und welche Botschaft sie ins Land hineintragen).*

LIED „Wir wollen alle fröhlich sein" (EG 100,1.2.4)

FÜRBITTEN

VATERUNSER

SEGENSLIED

SEGEN

NACHSPIEL

10 Auf dem Weg nach Emmaus

Thematisches Stichwort

Dem Familiengottesdienst liegt Lk 24,13ff, die Perikope von den Emmausjüngern, zugrunde. Diese ist:

1. eine *Weggeschichte*: Zwei Jünger sind auf dem Weg nach Emmaus. Traurig, in sich gekehrt, rückwärts gewandt gehen sie diesen Weg. Unterwegs kommt es zu einer Begegnung mit einem ihnen zunächst Fremden. – In Emmaus angekommen, laden sie ihn zum Abendmahl ein. Die Mahlgemeinschaft öffnet ihnen die Augen, orientiert sie neu, lässt sie als Veränderte nach Jerusalem zurückkehren.
2. eine *Bildgeschichte*, die mit Bildern und Symbolen operiert: Weg – Haus – Augen – Ohren – Brot …
3. eine *handlungsorientierte Geschichte*: gehen – reden – schweigen – klagen – erinnern – hören – Brot brechen – essen …

4. eine *Seelsorgegeschichte*: Der Fremde fragt nach, gibt den beiden Männern Gelegenheit, ihre Trauer zu formulieren, ihre Enttäuschung, den Verlust ihres Lebensmittelpunktes und ihrer Hoffnungen. Der Fremde hört zu, fragt nach, deutet Geschehenes im Horizont alttestamentlicher Verheißungen und eschatologischer Erfüllung.
5. eine *Hoffnungsgeschichte*: Im Zentrum der Neuorientierung durch den Wegbegleiter steht V. 26: „Musste nicht der Messias dies alles erleiden und in seine Herrlichkeit eingehen?" Der Messias (= eschatologischer Gesalbter/Retter und Erlöser) ist der Gekreuzigte! Seine Messianität interpretiert sich aus und durch Leiden. Die Erscheinungsgeschichte zeigt, wie sich Traurigkeit und Verzweiflung in Hoffnung, Freude und neuen Mut verwandeln durch eine personale Begegnung.

Im Mahl (V. 30f) und im Wort der Verkündigung (V. 25ff; 32) erschließt sich den Jüngern, dass der Gekreuzigte lebt und ihnen nahe ist, es „gehen ihnen die Augen auf". Er ist ihnen gegenwärtig, auch wenn er sich ihnen entzieht. Der gekreuzigte Jesus erweist sich als der gegenwärtige und lebendige Herr.

Vorbereitung

- *Spielszenen*: Es sind die drei Rollen (Erzähler, erster und zweiter Jünger) zu besetzen und einzuüben. Wenige Requisiten (dunkle und helle Tücher als Umhänge, Kulissen ...) genügen für das Spiel (s. M1).
- *Mahlgemeinschaft*: Trauben und Brot sind bereitzustellen und von Kindern mit Körbchen in die Bankreihen hineinzutragen.
- *Lieder*: Lied „Wo zwei oder drei" (EG 578), kann auch ersetzt werden durch den Kanon „Herr, bleibe bei uns" (EG 483).

Verlauf

VORSPIEL

BEGRÜSSUNG

LIED „Du hast vereint in allen Zonen" (EG 609,1–3)

EINGANGSWORTE

EINGANGSGEBET „Segne uns mit der Weite des Himmels, segne uns mit der Wärme der Sonne …“

Segne uns mit der Weite des Himmels,
segne uns mit der Wärme der Sonne,
segne uns mit der Frische des Wasser,
himmlischer Vater; segne uns.
Segne Vater, tausend Sterne,
segne Vater, unsre Erde,
segne Vater, Meer und Land,
segne Vater, Herz und Hand.

Segne uns mit den Träumen der Kinder,
segne uns mit der Liebe der Eltern,
segne uns mit den Geschichten der Alten,
himmlischer Vater, segne uns.

Segne, Vater, tausend Sterne,
segne Vater, unsre Erde,
segne Vater, Meer und Land,
segne Vater, Herz und Hand.

SPIELSZENE „Auf dem Weg nach Emmaus“ (s. M1)

LIED „Wo zwei oder drei“ (EG 578)

MAHLGEMEINSCHAFT

LIED „Zu Ostern in Jerusalem (SL 140)

FÜRBITTENGEBET

VATERUNSER

LIED „Herr, wir bitten, komm und segne uns …“ (EG 607,1)

Auf dem Weg nach Emmaus **M1**

Szene (I): Auf dem Weg nach Emmaus

Erzähler: Zwei Männer verlassen Jerusalem. Langsam gehen sie und gebeugt, so als ob sie sehr müde wären. Aber sie sind nicht müde; sie sind traurig.

Jünger 1: Nun ist alles aus. Jesus ist tot. Was sollen wir da noch in Jerusalem?

Jünger 2: Ja, ich bin froh, wenn wir wieder zu Hause sind, zu Hause in Emmaus.

Erzähler: Immer wieder müssen sie an Jesus denken. So vieles geht ihnen durch den Kopf, was sie mit Jesus erlebt haben.

Jünger 1: Was sollen wir ohne Jesus machen?

Erzähler: Sie fühlen sich ganz verlassen und allein. Jesus ist tot. Sie denken: Gott hat ihn im Stich gelassen! Sie haben keine Hoffnung mehr. Wozu sollen sie noch leben? Die Männer sind wie blind – so traurig und mutlos sind sie.

ORFF *(traurig)*

Erzähler: Ein Fremder tritt zu den beiden.

Fremder: Was ist denn mit euch los? Ihr seht ja so traurig aus!

Jünger 2: Weißt du nicht: Jesus war doch unser Freund! Zu allen war er gut. Kranke hat er gesund gemacht und Traurige froh.

Jünger 1: Für alle hat er Zeit gehabt – auch für Kinder! Alle haben gedacht: Mit Jesus wird alles gut, mit Jesus beginnt Gottes neue, schöne Welt!

Jünger 2: Aber es kam alles anders! Unsere Führer ärgerten sich über Jesus. Sie glaubten, er würde die Leute gegen sie aufhetzen. Darum wollten sie ihn beseitigen.

Jünger 1: Nun ist er tot und begraben. All unsere Hoffnungen liegen mit ihm im Grab!

Erzähler: Da sieht sie der Fremde überrascht an:

Fremder: Euer Freund, dieser Jesus, würde der wollen, dass ihr so mutlos und traurig seid?

Erzähler: Im Dunkeln kommen die Männer in Emmaus an. Die beiden Freunde laden den Fremden in ihr Haus ein. Sie essen zusammen.

Szene (II): Einkehr in Emmaus und Mahlgemeinschaft

ORFF – ZWISCHENSPIEL
(melancholisch, aber nicht mehr ganz so traurig wie zuvor)

Erzähler: Der unbekannte Gast nimmt das Brot. Er spricht das Dankgebet. Dann bricht er den Fladen in Stücke und reicht sie den beiden. Da gehen ihnen die Augen auf:

Jünger 2: Das ist wie bei Jesus! Genau wie bei Jesus!

Erzähler: Ihr Herz wird froh. – Als der Fremde gegangen ist, fällt es ihnen wie Schuppen von den Augen. Sie wissen:

Jünger 1: Jesus lebt! Er ist bei uns, auch wenn wir ihn nicht sehen. Wir sind nicht mehr allein!

Orff *(fröhlich, leicht und beschwingt)*

Szene (III): Rückkehr nach Jerusalem – Wendung zum Leben

Erzähler: Alle Traurigkeit ist plötzlich verflogen. Glücklich springen die Jünger auf. Sie rennen nach Jerusalem zurück. – Jetzt sind ihre Schritte schnell und leicht. Sie müssen den andern erzählen, was sie erlebt haben:

Jünger 2: Jesus lebt! Er ist auch bei uns, wenn wir ihn nicht sehen!

Jünger 1 und 2: Jesus lebt!

11 Beppo und sein Luftballon

Thematisches Stichwort

Barbara Irmgunds Geschichte von Beppos rotem Luftballon ist nur auf den ersten Blick eine naive Kinder- und (platte) Wunscherfüllungsgeschichte. Genaueres Hinsehen erschließt (sie und) das Thema „Beten" als komplexe Vertrauenserfahrung: Beten führt nicht automatisch zum erhofften Erfolg – beten erfordert Geduld und Ausdauer, hat mit Vertrauen zu tun. Zur Einlösung des Erbetenen bedient sich Gott anderer Menschen, die durch ihr Tun zu „Engeln" werden können.

Den Gedanken „anderen Gutes tun" haben wir auch in der Luftballonaktion aufgegriffen: nach dem Gottesdienst wurden an die Teilnehmenden Karten (s. Anlagen 3) verteilt, ausgefüllt und an Luftballons „zum Himmel" geschickt.

Vorbereitung
- Sprecher für Text (M1) festlegen
- Folienbilder erstellen (M2)
- TP und Leinwand bereitstellen
- Musikeinspielung vorbereiten
- Luftballons aufblasen (Ballongas)
- Postkarten vorbereiten, Stifte bereitlegen

Verlauf

VORSPIEL

BEGRÜSSUNG

LIED „Ich singe dir mit Herz und Mund" (EG 324,1f.12f)

PSALM MIT KEHRVERS (EG 181,6)

GEBET

TEXT Beppo und sein Luftballon (s. M1 und M2)

KANON „Der Himmel geht über allen auf" (EG 611)

DEUTUNG (Aspekte)

Ich gehe noch einmal zu Beppo hinauf auf den Hügel.
Ich will ihm sagen, was mir an ihm und seiner Luftballongeschichte gefällt.

Ich lege meinen Arm um ihn und sag': „Beppo, du bist ein prima Typ!"
Wo andere schwätzen, jammern, nichts tun, da tust du etwas!

Du möchtest, dass sich etwas ändert.
Du glaubst an Wunder.
Du traust Gott etwas (nicht alles) zu.

Und darum schwänzt du die Schule,
schreibst einen Brief,
hängst den Brief an einen Luftballon,
gehst hinauf auf den Hügel und lässt den Ballon mit deinem Brief in den Himmel steigen.

Beppo, du bist ein prima Typ.

Du wartest geduldig, auch als dein Brief zunächst ohne Echo bleibt.

Hoffnung stirbt nicht.
Du bist voller Zuversicht: „Gott wird helfen!“, wo wir Erwachsenen oft ungeduldig, kleinmütig und pessimistisch sind.

Von Kindern wie dir können wir Erwachsenen Geduld und Hoffnung lernen.

Du ahnst: Gott hilft oft anders, als wir es erwarten und du entdeckst, dass er sich dabei anderer Menschen bedient, Menschen, die durch ihr Helfen zu Engeln werden.

Ich bin sicher: Jesus hat an Kinder wie dich gedacht, als er zu den Erwachsenen sagte: „Werdet wie Kinder!“

Für Kinder steht Gottes Reich offen.
Kinder werden nicht an ihren Leistungen gemessen.
Kinder leben voller Vertrauen.
Kinder leben aus dem Vertrauen, dass Gott ihr Freund ist und dass er es gut mit ihnen meint.

Von Kindern wie Beppo kann man das Träumen wieder lernen und die Dankbarkeit. Beppo, du bist ein prima Typ!

Und noch was würde ich Beppo auf dem Hügel gerne sagen:
„Eines Tages ist sie da – Gottes neue Welt,
in der Kinder keine Bettelbriefe mehr schreiben müssen.
Gott hat sie uns versprochen. Mit Jesus, auf dessen Namen wir N.N. taufen, mit Jesus hat diese neue Welt schon begonnen.
Taufe ist wie ein Baustein für diese neue Welt. Amen.

LIED „Gottes Liebe ist so wunderbar“ (SL 1511–5)

FÜRBITTEN

VATERUNSER

LIED „Herr, wir bitten: Komm und segne uns“ (EG 607,1)

SEGEN

Beppo und sein Luftballon **M1**

(Musik/Bild 1: Beppo kommt) Alle Kinder waren in der Schule ... Nur Beppo, acht Jahre alt, stand mutterseelenallein auf einem Hügel und starrte angestrengt zum Himmel hinauf.
Dort oben war ein winziger roter Punkt. Seinetwegen hatte Beppo die Schule geschwänzt. Es war ein roter Luftballon. Beppo hatte zwanzig Lire geopfert, um ihn kaufen zu können. Das war eine Menge Geld für Beppo. Trotzdem hat er den Luftballon gekauft – nur so, zum Davonfliegen?

Beppo hatte niemandem erzählt, was er damit anfangen wollte. Heimlich hatte er einen Brief geschrieben und ihn an der Schnur des Luftballons angebunden. Und als alle Kinder in der Schule waren, hatte er sich fortgeschlichen, um auf dem Hügel seinen Luftballon steigen zu lassen. Hoffentlich würde der Wind die Botschaft nicht abreißen. „Lieber Gott", stand mit großen Buchstaben auf dem Zettel geschrieben, „in ein paar Wochen bekomme ich einen kleinen Bruder. Wir sind sechs Kinder, und meinen Eltern haben wenig Geld. Ich wohne in Arcole in Italien. Dein Beppo Sala."

So hatte Beppo geschrieben, und er hoffte, dass der, für den der Zettel bestimmt war, ihn würde lesen können. Und als der kleine rote Punkt in der Höhe verschwunden war, trottete Beppo voll Zuversicht nach Hause: Gott wird mir helfen

(Bild 2: Beppos Haus/Musik). Die nächsten Tage waren für Beppo nicht leicht zu ertragen. Er wartetet voll Spannung. Aber nicht das geringste geschah. Es war, als ob es seinen roten Luftballon niemals gegeben hätte. *(Musik)*

Aber dann geschah doch etwas. Schon von weitem erkannte Beppo das gelbe Auto des Postboten. Es hielt ganz in ihrer Nähe. Und der Postbote ging zu ihrem Haus, mit einem Paket unter dem Arm. Beppo war ganz aufgeregt.

Vater Sala trat vor die Tür. Er schüttelte den Kopf. Er zankte sich mit dem Postboten. „Du willst ein Postbote sein, Antonio, und begreifst nicht einmal, dass dieses Paket unmöglich für uns sein kann?! Der Briefträger rollte die Augen. „Du Dummkopf", schrie er. „Kannst du nicht lesen? Sala – Familie Sala. Da steht es." „Jawohl, so heißen wir. Aber wir kennen niemanden in Rovigo. Und geschenkt nehme ich nichts, das weißt du! Nimm das Paket wieder mit!"

Beppo hielt es nicht länger aus. „Lass mich das Paket aufmachen," bettelte Beppo. „Dann werden wir sehen, ob es für uns ist oder nicht!"

„Also los!" sagte der Vater. Hastig riss Beppo die Schnüre auf. Als er den Deckel zurückschlug, wurde es ganz still vor dem Haus. Und alle sahen, wie es weiß aus dem Karton herausleuchtete: Windeln, Bettzeug und winzige Kinderwäsche!

Nicht gerade nagelneu, aber heil und sauber. Ein Schatz für die Familie Sala! Es war ein Wunder!

Und während der Inhalt des Paketes von Hand zu Hand ging, schlich Beppo sich leise davon.

(Bild 3) Rasch eilte Beppo zu seinem Hügel und dankte seinem gütigen Geber *(Musik)*.

(Text nach: B. Irmgund, in: D. Steinwede/S. Ruprecht [Hg.], Vorlesebuch Religion, Kaufmann/Vandenhoeck & Ruprecht/Benziger/TVZ, Lahr/Göttingen/Zürich/Köln 1971, S. 312–314)

M2

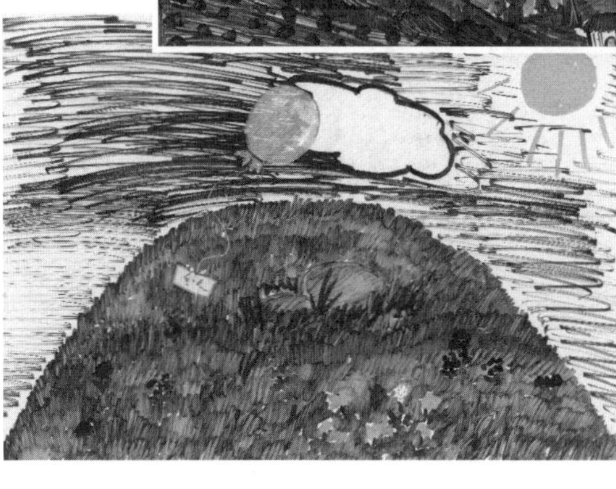

Karten **M3**

Was ich dir wünsche:
"Gottes Auge schaue für dich.
Gottes Ohr höre für dich.
Gottes Hand schütze dich."
(aus Irland)
Name: Vorname:
Alter ( ) Str.
Ort ( )
Ein Gruß vom Familien-
gottesdienst

Was ich dir wünsche:
"Gottes Auge schaue für dich.
Gottes Ohr höre für dich.
Gottes Hand schütze dich."
(aus Irland)
Name: Vorname:
Alter ( ) Str.
Ort ( )
Ein Gruß vom Familien-
gottesdienst

Was ich dir wünsche:
"Gottes Auge schaue für dich.
Gottes Ohr höre für dich.
Gottes Hand schütze dich."
(aus Irland)
Name: Vorname:
Alter ( ) Str.
Ort ( )
Ein Gruß vom Familien-
gottesdienst

Was ich dir wünsche:
"Gottes Auge schaue für dich.
Gottes Ohr höre für dich.
Gottes Hand schütze dich."
(aus Irland)
Name: Vorname:
Alter ( ) Str.
Ort ( )
Ein Gruß vom Familien-
gottesdienst

12 „... DASS ICH DIR WERD' EIN SCHÖNER BAUM"

Thematisches Stichwort

Menschen und Bäume weisen viele Parallelen auf:
- in ihrer äußeren Gestalt (Beine = Wurzeln; Körper = Stamm; Kopf/Arme = Krone ...)
- bezüglich der Metaphorik; wir sprechen von „verwurzelt sein" – „Baumstamm" – „Krone" – „Früchte tragen" – „Jahresringen" ...

Dass Bäume mehr sind als Lieferanten von Bau- oder Brennholz weiß auch die Bibel:

- Unter den Bäumen im Paradiesgarten werden zwei besonders herausgestellt: der „Baum des Lebens“ und der „Baum der Erkenntnis“ von „Gut und Böse“ (Gen 2,8f).
- Die Offenbarung des Johannes spricht von „Bäumen des Lebens“: In der „Heiligen Stadt“ stehen sie „mitten auf dem Platz“, sie „tragen zwölfmal Früchte“, jeden Monat bringen sie ihre Frucht und die Blätter der Bäume dienen zur Heilung der Völker (Offb 22,2).
- Allegorisch wird im Bild des Baumes der Lebensweg des Gerechten/Frommen dargestellt. Wer in Jahwes lebensspendender Tora wurzelt, „gleicht einem Baum, der an Wasserbächen gepflanzt ist“ (Ps 1); sein Leben steht unter vielfacher Verheißung:
  - … er wird (reiche) Frucht tragen zu seiner Zeit;
  - … seine Blätter werden nicht welken, d.h., sie werden immer grün sein (= Sinnbild der Unsterblichkeit → Ps 1, vgl Jer 17,8; Ps 92,13–15)
  - … alles, was er tut, gerät wohl

Für den Gott-losen hingegen wird der Baum zur Allegorie seiner Vergänglichkeit (Mt 3,10; 7,18f; Hi 18,15ff; Jes 40,24 u.ö.).
Die für den folgenden Entwurf titelgebende Zeile „Dass ich dir werd' ein guter Baum“ ist Paul Gerhardts bekanntem Lied „Geh aus, mein Herz …“ (EG 503,14) entnommen:

> „Mach in mir deinem Geiste Raum,
> dass ich dir werd' ein guter Baum,
> und lass mich Wurzel treiben.
> Verleihe, dass zu deinem Ruhm
> ich deines Gartens schönste Blum'
> und Pflanze möge bleiben,
> und Pflanze möge bleiben.“

Die Strophe enthält sowohl Anklänge an das Motiv des Paradiesgartens (Gen 2,4ff) als auch an Psalm 92,13–15:

> „Der Gerechte wird grünen wie ein Palmenbaum;
> er wird wachsen wie eine Zeder auf dem Libanon.
> Die gepflanzt sind im Haus des Herrn,
> werden in den Vorhöfen unseres Gottes grünen.
> Und wenn sie auch alt werden,
> werden sie dennoch erblühen, fruchtbar und frisch sein.“

Gottes Geist wird erbeten, damit das Leben – als Leben in der Beziehung zu Gott – zum schönen Garten und „Paradeis“ wird, angedeutet in den Metaphern „guter Baum“ und „schöne Blum'“.

Vorbereitung

Die Gemeinde soll kreativ an der Erstellung eines Baumes beteiligt werden. Dazu werden benötigt:

- 3 Sperrholzplatten (ca. 60 cm x 1,20 cm), je eine für die Wurzeln, den Stamm und den unteren Teil der Krone, sowie die Krone. Auf den Sperrholzplatten sind mit Bleistift die Konturen der Baumteile zu kennzeichnen und die Teile innerhalb der Konturen mit doppelseitigem Klebeband zu versehen. Das Klebeband nimmt später im Gottesdienst die Naturmaterialien auf, mit denen Wurzeln, Stamm und Krone geschmückt werden. Wir haben verwendet

  für die Wurzeln: kleine Äste und Baumrinde
  für den Stamm: Baumrinde
  für die Krone: große, gut deckende Ahornblätter

Die Platten sind am oberen Rand links und rechts mit einer Bohrung zu versehen, um sie später auf dem Traggestell (siehe unten) fixieren zu können.

Traggestelle aus Dachlatten zur Aufnahme der fertigen Baumteile
- eine Leiter o.ä., um dem Gestell mit den Sperrholzplatten Standfestigkeit zu verleihen
- an drei Orten im Gottesdienstraum sind Stationen mit den Platten und Requisiten vorzubereiten

Verlauf

ORGELVORSPIEL

BEGRÜSSUNG

LIED „Nun steht in Laub und Blüte" (EG NB 614)

Die Sonne, die wir brauchen, schenkst du uns unverdient.
In Duft und Farben tauchen will sich das Land und grünt.
Mit neuerweckten Sinnen sehn wir der Schöpfung Lauf.
Da draußen und da drinnen, da atmet alles auf.

Wir leben, Herr, noch immer vom Segen der Natur.
Licht, Luft und Blütenschimmer sind deiner Hände Spur.
Wer Augen hat, zu sehen, ein Herz, das staunen kann,
der muss in Ehrfurcht stehen und betet mit uns an.

Eröffnung mit Kyrieruf, Gnadenzusage

Gebet

Überleitung zur Aktion

„... dass ich dir werd' ein schöner Baum"
Die Gemeinde wird eingeladen, an den drei vorbereiteten Stationen die drei Teile des Baumes/die Sperrholzplatten wie oben angegeben zu „schmücken".

Lied „Wer sich auf Gott verläßt"

Wer sich auf Gott verlässt, auf Gott, den Herrn, allein,
Der ist wie ein frisches Blatt an dem Baum.
So wird er gesegnet sein. Ja, so wird er gesegnet sein.

Wer sich auf Gott verlässt, auf Gott, den Herrn, allein,
der ist wie Vogelkind im Nest.
So wird er gesegnet sein. Ja, so wird er gesegnet sein.

Wer sich auf Gott verlässt, auf Gott, den Herrn, allein,
der ist wie die Blume, die zart erblüht.
So wird er gesegnet sein. Ja, so wird er gesegnet sein.

(Text: Rolf Krenzer, Musik: Detlev Jöcker, aus: Das Liederbuch zum Umhängen, Menschenkinder Verlag und Vertrieb Münster GmbH)

VERKÜNDIGUNG (Stichworte)

Ein Baum ist wie ein Zeichen – mit seinen Wurzeln, dem Stamm und der Krone (P. verweist auf das Baumbild).

Wurzeln tragen den Baum, geben ihm Halt und Sicherheit. Wurzeln tragen Stamm, Äste und Blätter. Wurzeln saugen Kraft aus der umgebenden Erde.
Wurzeln sind wie *Zeichen*, Zeichen für das, was unseren Lebens-Baum trägt. Und wie der Baum brauche ich Lebenskräfte, muss „Wurzel" sein (Familie und deren Liebe – Freunde – Erinnerung – Heimat – Luft, Sonne, „Blütenschimmer" und andere Lebensgründe, die wir nicht gelegt haben …).

Der *Stamm* verbindet Wurzeln, Krone, verbindet Himmel und Erde. In ihm fließen und begegnen sich

– Lebenskraft aus der Tiefe und
– Licht und Wärme aus der Höhe.

Auch der Stamm ist wie ein *Zeichen* für Wachstum und Mut, für Glauben und Vertrauen, für alles, was im Leben trägt, stützt und verbindet.
In der *Krone* verzweigt sich der Stamm (Spiegelbild zu dem Wurzelgeflecht im unteren Teil).
Äste und Blätter strecken sich der Sonne, dem Regen, dem Licht entgegen, um Blüten und Früchte reifen zu lassen. In der Krone wächst Leben über sich selbst hinaus.
Die Krone ist ein *Zeichen* für Entfaltung und Veränderung, für Fruchtbarkeit, für Empfangen und Weitergeben. – Wer sich wie die Krone „verzweigt", kann zum Segen für andere werden.
Bäume sind Zeichen: Wer sich auf Gott verlässt, gleicht einem Baum am Wasser, sagt die Heilige Schrift (Ps 1,1–3; vgl. Jer 17,7f).
„Wer sich auf Gott verlässt, gleicht einem Baum am Wasser", sein Leben trägt reiche Frucht. Es wird nicht verkümmern, weil es sich aus einer nie versiegenden, lebendigen Quelle speist.

GEDICHT von Lothar Zenetti als Abschluß und Zusammenfassung

Herr, wie ein Baum sei vor dir mein Leben,
Herr, wie ein Baum sei vor dir mein Gebet.
Gib' Wurzeln mir, die in die Erde reichen,
dass tief ich gründe in den alten Zeiten,
verwurzelt in dem Glauben meiner Väter.
Gib mir Kraft, zum festen Stamm zu wachsen,
dass aufrecht ich an meinem Platze stehe
und wanke nicht, auch wenn Stürme toben.
Gib, dass aus mir sich Äste frei erheben,
siehe, meine Kinder, Herr, lass sie erstarken
und ihre Zweige recken in den Himmel.
Gib Zukunft mir, und lass die Blätter grünen
Und nach dem Winter Hoffnung neu erblühen,
und wenn es Zeit ist, lass mich Früchte tragen.

Herr, wie ein Baum sei vor dir mein Leben.
Herr, wie ein Baum, sei vor dir mein Gebet.

(aus: R. Wittmann, Du lädst uns ein. Familiengottesdienste mit Kleinkindern, Freiburg/Basel/Wien 1995, S. 19)

LIED „Geh aus, mein Herz und suche Freud'" (EG 503,1.2.8.14)

FÜRBITTE

VATERUNSER

SEGENSLIED „Hilf mir und segne meinen Geist" (EG 503,13)

SEGEN

13 ZEIT AUS GOTTES HÄNDEN

Thematisches Stichwort

Vgl. Entwurf Nr. 3 „Schenk uns Zeit“

Vorzubereiten ist

eine große Uhr, die aus zwei Teilen besteht:
– einem *inneren* Kreis (aus grauem Karton) und einem
– *äußeren* Kreis (aus farbigem Tonpapier)

Verlauf

BEGRÜSSUNG

LIED „Geh aus, mein Herz und suche Freud’“ (EG 503,1–3.13)

ERÖFFNUNG

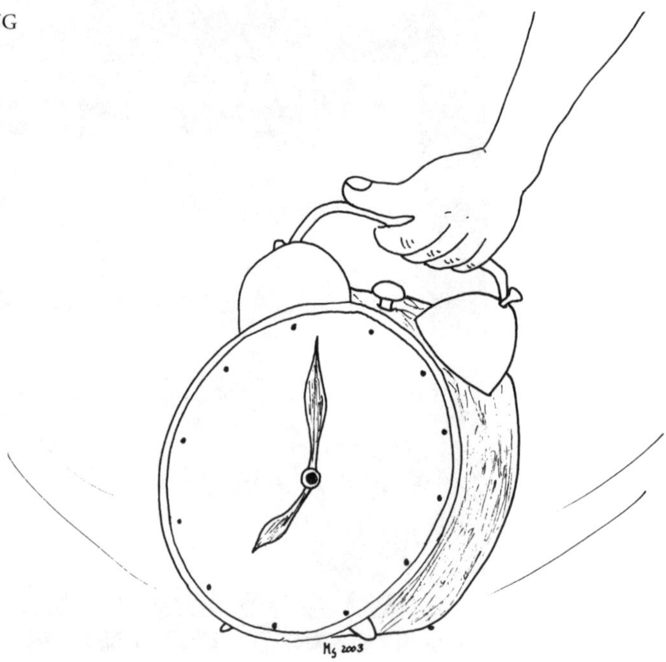

Psalm

Gebet

Zeit aus Gottes Händen (I) (Stichworte)

Zeit und Zeit sind nicht dasselbe. Die Zeit an einem schönen Urlaubstag an der See erleben wir anders als die Zeit beim Putzen oder Aufräumen.
Zeit kann angenehm sein, Zeit kann aber auch als lästig empfunden werden.
Einige Personen erzählen von ihren Erfahrungen mit der Zeit und heften Stichwortkärtchen mit ihren durch Pflichten bestimmten Erfahrungen mit der Zeit auf den inneren Zeitkreis:

- Eine *Mutter*: Kinder wecken – Frühstück und Schulbrot machen – einkaufen – kochen – spülen – putzen – Hausaufgaben nachsehen …
- Ein *Kind*: aufstehen – waschen … – frühstücken – zur Schule gehen – Unterricht – Pausen – Klassenarbeit – Heimweg – Essen – Hausaufgaben – Fußballtraining …
- Ein *Vater*: … ins Büro fahren – Besprechungstermine – Telefonate – Diktate – Post nachsehen und beantworten …
- Eine *ältere Frau*: viel Zeit – alles geht langsamer – kaum noch Pflichten – Zeit ist oft Zeit der Erinnerung.

Tendenz: Zeit ist das, wo ich selber etwas tun muss, wo ich durch Pflichten und Routine bestimmt werde …

Flöte — Musikalisches Zwischenspiel

Zeit aus Gottes Händen (II)

Hier werden von zwei Akteuren bunte Wortkärtchen auf dem *äußeren* Uhrenkreis befestigt, die zuvor im Wechsel vorgelesen wurden und die thematisieren, wie/wo Zeit vor allem positiv empfunden wird:

- der erste Schrei eines Babys
- spielen
- spazieren gehen
- vorlesen
- Urlaub/Ferien

– ausschlafen
– träumen

Tendenz: Zeit ist das, was mich reicher macht – das Nichtalltägliche, Überraschende.

Das Beste im Leben/die beste Zeit machen wir nicht selbst, sondern es/sie wird uns geschenkt:

– das Leben/das Geborenwerden
– die Luft zum Atmen
– die Liebe (der Eltern)
– das Lächeln eines Kindes
– der Schlaf
– ein Sommertag

Sich vom Beispiel der Kinder anstecken lassen: Sie lassen sich nicht treiben, sondern genießen: Wenn sie träumen, träumen sie. Wenn sie spielen, spielen sie … – und vergessen die Zeit! Im souveränen Umgang der Kinder mit der Zeit Gottes sollten wir Zeit als Geschenk für uns entdecken und genießen.

Ggf. Abschluss mit der Paraphrase von Peter Spangenberg zu Prediger 3,1ff:

„Alles hat seine Zeit,
und jede Erfahrung hat ihren Augenblick.
Kinder bekommen hat seine Stunde,
und auch der Tod hat seine Stunde.
Saat und Ernte haben ihren eigenen Tag…
Heilen und Vergeben haben ihre Stunde.
In Minuten stürzt vieles ein,
Zeit braucht es, um aufzubauen.
Kostbar ist die Stunde des Weinens;
befreiend sind die Augenblicke des Lachens.
Jede Umarmung hat ihre Zeit,
aber auch die Erfahrung,
einander fremd zu sein.

Es gibt Zeiten zum Behüten,
genauso auch Zeiten des Loslassens.
Schweigen hat seine Bedeutung,
es sind Stunden der Stille.
Reden hat seine Zeit.
Liebe und Hass – beides sind Erfahrungen,
die zum Leben gehören.“

(Quelle: unbekannt)

Beide Zeiten gehören zusammen – wie Einatmen und Ausatmen – wie Beten und Arbeiten.
Beide Zeiten sind Zeit aus Gottes Hand. Das ist gut für Eltern zu wissen. Taufe löst sichtbar die Zusage ein, dass die Lebenszeit von ... (NN) in Gottes Händen geborgen ist.

LIED „Jetzt ist die Zeit, jetzt ist die Stunde ...“ (SL 132)

FÜRBITTEN

VATERUNSER

LIED „Bewahre uns Gott“ (EG 171)

SEGEN

14 Du stellst meine Füsse auf weiten Raum

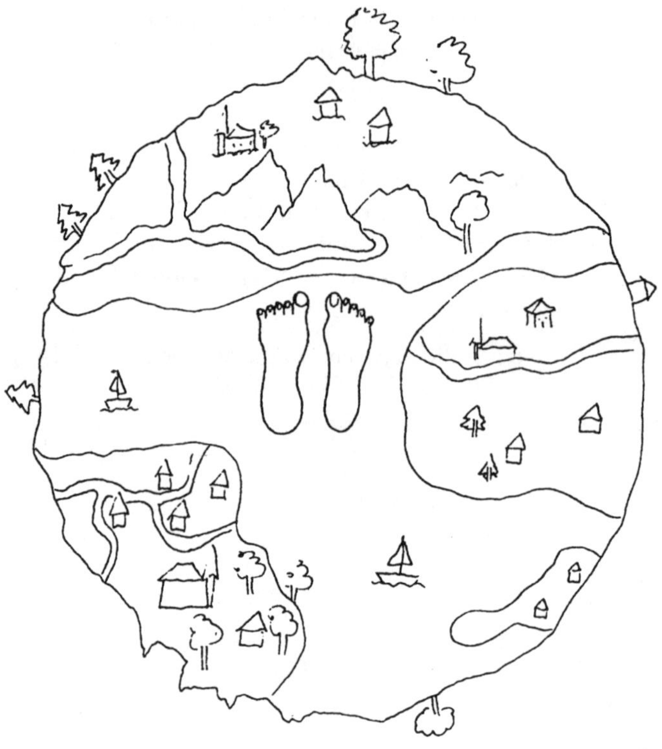

Thematisches Stichwort

Das Sprachbild aus Ps 31,9 „Du stellst meine Füße auf weiten Raum" hat im biblischen Befund mehrere Parallelen, z.B.:

- „Er führte mich hinaus ins Weite, er riß mich heraus; denn er hatte Lust zu mir" (2 Sam 22,20; vgl. Ps 18,20).
- „Du hast Menschen über unser Haupt kommen lassen, wir sind in Feuer und Wasser geraten. Aber du hast uns herausgeführt ins Weite und uns erquickt" (Ps 66,12).
- „Es kommt der Tag, da werden deine Mauern gebaut werden, da wird weit werden deine Grenze ..." (Mi 7,11).
- „Du gibst meinen Schritten weiten Raum, daß meine Knöchel nicht wanken ..." (Ps 18,37).
- vgl. auch „Mache den Raum deines Zeltes weit ..." (Jes 54,2).

In der Mehrzahl der Belegstellen ist das Bild der Weite Gegenbild zu erfahrener Bedrohung/Enge/Angst. Als Konnotation bietet sich auch Israels Erfahrung im Kontext des Exodus an, die Erfahrung von Freiheit und Befreiung auf dem Hintergrund vorhergehender Sklaverei in unwürdiger Abhängigkeit. Auf die Taufe übertragen kann die Aussage „Du stellst meine Füße auf weiten Raum" im Sinne der Bereicherung, des staunenden Wahrnehmens von Lebensmöglichkeiten und -perspektiven verstanden werden, Taufe als Aufbruch ins Weite, – nicht ohne Risiko, jedoch unter der Zusage geschenkter Identität und hoffnungsstiftenden Vertrauens.

Vorbereitungen

Vorzubereiten sind: zwei Folien
- Folie 1: nackte Füße eines Kindes
- Folie 2: eine Mutter/ein Elternpaar, das in einen weiten Horizont hineinschaut

Ferner ist das Sprechspiel des inneren Monologs mit zwei Sprechern vorzubereiten. Zur Unterscheidung können die Sprecher entweder eine schwarze bzw. weiße Maske tragen oder einen schwarzen bzw. weißen Umhang.

Verlauf

VORSPIEL

BEGRÜSSUNG

LIED „Geh aus mein Herz, und suche Freud" (EG 503,1–3.8)

EINGANGSWORTE

PSALM mit Kehrvers (im Wechsel mit der Gemeinde)

P: Gott, wem soll ich vertrauen,
auf wen meine Hoffnung setzen?
Wer soll mich retten aus meiner Not
und wer mir helfen aus meiner Angst?

G: Du stellst meine Füße auf weiten Raum

P: Neige dich zu mir herab,
hilf mir aus meinen Schwierigkeiten.
Sei mir ein starker Fels,
damit ich wieder Boden unter den Füßen finde.

G: Du stellst meine Füße auf weiten Raum

P: Sei mir eine feste Burg,
in der ich Zuflucht finde vor allem,
was mich niederdrückt.

G: Du stellst meine Füße auf weiten Raum

P: Auf dich will ich vertrauen,
und lass mich nicht zugrunde gehen.
Errette mich aus meinen Tiefen
und hilf mir mit deiner gerechten Kraft.

G: Du stellst meine Füße auf weiten Raum

P: Du machst mich stark,
wenn ich schwach bin.
Du erfüllst mich mit deinem Geist,
wenn ich mich in meiner Leere verliere.

G: Du stellst meine Füße auf weiten Raum.

(Uwe Seidel: In Gottes Händen – Ps 31 aus: H.D. Hüsch/U. Seidel, Ich stehe unter Gottes Schutz. © tvd-Verlag, Düsseldorf 1996, S. 43)

GEBET

ANSPRACHE (Aspekte)

Ein Menschenkind wird geboren. „Es kommt auf die Welt", so sagen wir. Wer es erlebt, weiß: Das ist mehr als ein biologischer Vorgang: Es ist ein Wunder. Ein Menschenkind wird geboren, und seine Füße stehen auf weitem Raum *(Folie 1 auflegen).*

Folie 1: Zwei kleine Füße, sie gehören einem Kind. Es fordert sein Recht. Es ist da – 24 Stunden am Tag. Eltern wissen darum. Sie erleben beides: Freude an dem kleinen Geschöpf, aber auch das Gefühl der Verantwortung und der Arbeit, die ein Kind mit sich bringt *(P. berichtet von dem vorbereitendem Gespräch mit den Taufeltern):*

– dass acht Stunden Schlaf ein hohes Gut sein können,
– von der gelegentlichen Sehnsucht nach etwas Ruhe auch mitten am Tag …

Überleitung zu Folie 2

Folie 2: (auflegen) P. lädt dazu ein, mit den abgebildeten Personen die Gedanken ziehen zu lassen, höher und höher hinauf zum Himmel, um Anteil zu gewinnen an der Weite des Raumes, in die hinein wir Menschen geboren werden.

SPRECHSPIEL (siehe **M1**)

Du stellst meine Füße auf weiten Raum

LIED „Meine engen Grenzen" (EG 600,1)

DEUTUNG (Aspekte)

- weiter Raum als Chance im Gestaltungsangebot (Weite statt Enge)
- der Aufbruch ins Weite als Figur der Befreiung
- Vielfalt der Möglichkeiten, die Welt zu erfahren, zu erschließen und als Gewinn zu entdecken
- Notwendigkeit der Orientierung in weitem Raum, um sich nicht zu verlieren/das Ziel zu verfehlen, als Kompassfunktion von Eltern/Paten/Glaube
- Gott stellt unsere Füße auf weiten Raum – laufen müssen wir selber
- Aufbruch in Begleitung, in wissendem Vertrauen

LIED „Vertraut den neuen Wegen" (EG 395,1–3)

FÜRBITTEN

VATERUNSER

SEGENSLIED „Segne uns mit der Weite des Himmels"

Segne uns mit dem Rauschen der Wälder,
segne uns mit der Ernte der Felder,
Segne uns mit der Kraft der Tiere,
himmlischer Vater, segne uns.
Segne, Vater, tausend Sterne,
segne Vater, unsere Erde,
segne Vater, Meer und Land,
segne Vater, Herz und Hand.

Segne uns mit den Träumen der Kinder,
segne uns mit der Liebe der Eltern,
segne uns mit den Geschichten der Alten,
himmlischer Vater, segne uns.
Segne, Vater, tausend Sterne,
segne Vater, unsere Erde,
segne Vater, Meer und Land,
segne Vater, Herz und Hand.

(Text: Kinderkirchentags-Team, Musik: Peter Janssens, aus: Kurs: Gottes Erde, 1985. Alle Rechte im Peter Janssens Musik Verlag, Telgte Westfalen)

SEGEN

Du stellst meine Füße auf weiten Raum – Sprechspiel

M1

Zwei Menschen treten auf – eine Person ist dunkel gekleidet, die andere hell

Dunkler Mensch: Du stellst meine Füße auf weiten Raum. Wer bin ich denn, ich Menschenkind in der Weite des Kosmos? Klein und winzig, ängstlich, mich zu verlieren in einer komplizierten Welt. Wohin soll ich meine Schritte richten? Welchen Rufen folgen, die an mein Ohr dringen? Komm, du musst, du sollst, du darfst! Wo finde ich meinen festen Ort in dieser Welt, die immer rasender sich dreht um mein kleines Ich?

Heller Mensch: Mensch bin ich und meine Füße stehen auf weitem Raum. Herrlich ist das und wunderbar zu leben in der Freiheit der Kinder Gottes auf unserem blauen Planeten. Über mir den Himmel und das Weltall, die Milchstraßen, ihre Sonnen und Nebel, sie künden im kosmischen Spiel von der Größe ihres Schöpfers.

Dunkler Mensch: Eingebunden bin ich in das weltweite Netz der Märkte und der Mächte auf dieser Erde, Informationen jagen rasend schnell auf Datenautobahnen dahin. Ich kleines Menschenkind. Hoffentlich werde ich mich nicht verlieren im weiten Raum, schwindlig gedreht vom rastlosen Rasen einer immer komplizierteren High Tech Welt.

Heller Mensch: Schön ist es, zu leben auf dieser Erde, mit der Schlüsselblume in der Hand und dem Staub, den ich von meinen Füßen schütteln kann. Schön ist es, zu leben mit beiden Füßen auf dem Boden der Erde, die sich dreht und mir schenkt, die Wärme der Sonne, das Licht des Tages und die Dunkelheit der Nacht, in der ich ruhen kann. Schön ist es, zu leben unter dem Meer der Heiterkeit und das Lachen zu hören, das ansteckend ist. Du stellst meine Füße auf weiten Raum und schenkst mir die Freiheit des Lebens.

15 Weisst Du, wo der Himmel ist?

Thematisches Stichwort

Der biblische Befund kennt die gemeinorientalische räumliche Vorstellung vom Himmel als Wohnsitz Gottes (z.B. Dtn 4,39; 1 Sam 2,10; Ps 2,4; 14,2; 115,3 u.ö.), weiß aber auch „daß der Himmel und aller Himmel Himmel (Gott) nicht fassen (können)" (1 Kön 8,27).

Im Laufe der Zeit ist diese (archaische) Vorstellung zunehmend im Sinne von „Machtbereich" und „Dimensionen des Göttlichen" theologisiert worden.

Der Bitte „Ach, daß du den Himmel zerrissest und führest herab, daß die Berge vor dir zerflössen …" (Jes 64,1) korrespondieren die Bilder vom sich öffnenden Himmel, der Geisttaube und der bestätigenden Stimme im Rahmen der Taufe Jesu (Mk 1,10f).
Die Trennung zwischen Himmel und Erde ist aufgehoben, der Himmel als Ort erfüllter Hoffnungen, als Reich des Möglichen ist den Menschen in der Menschwerdung Gottes nahegekommen, ist mitten unter ihnen.

Himmel auf Zeit kann überall gefunden werden, in Vielem kann sich der Himmel spiegeln (z.B. in Kindern – Blumen – Träumen – Freunden …)

Verlauf

ORGELVORSPIEL

BEGRÜSSUNG

LIED „Gott des Himmels und der Erden" (EG 445,1.6.5)

ERÖFFNUNG

PSALMGEBET (im Wechsel)

Die Himmel erzählen, wie herrlich Gott ist;
was seine Hände getan, verkündet das Firmament.
Wenn wir um uns schauen,
sehen wir die Weite des Himmels.

Wie ein Zelt spannt er sich
über unsere Köpfe aus
und hat doch kein Ende.

Und wir sehen die Tiefe des Landes.
Unsere Augen ziehen hinaus
bis zu den Grenzen unseres Horizonts,
doch das Leben reicht darüber.

So erzählt der Himmel
von der Herrlichkeit Gottes.
Und was er getan hat,
ist überall sichtbar.

Wer staunen kann
über die Weite und die Nähe,
über das Große und das Kleine,
wird überall in der Welt
Zeichen Gottes entdecken.

Die Himmel erzählen,
wie herrlich Gott ist;
was seine Hände getan,
verkündet das Firmament.

HIMMEL IST WIE… (einige Metaphern)

Die Konfirmand*innen* bzw. andere Personen aus Gemeindegruppen haben auf Wortkarten Metaphern zu „Himmel" aufgeschrieben, diese werden zu ruhiger Hintergrundmusik vorgelesen, ggf. auf eine Stellwand geheftet oder als beschriftete Folienstreifen auf eine Folie mit dem Motiv des weiten/tiefen Himmels projiziert.

LIED

„Der Himmel leuchtet hoch und weit"

1. Der Himmel leuchtet hoch und weit,
erzählt von Gottes Herrlichkeit
und seiner Macht und Stärke.
Ein Tag sagt es dem andern an
und eine Nacht der andern dann:
Wie groß sind Gottes Werke!

2. Der Himmel predigt ohne Wort
und wird gehört an jedem Ort
bis in die fernste Ferne.
Daß du der Herr der Schöpfung bist
und alle Welt dein eigen ist,
verkünden Mond und Sterne.

5. Wir rühmen deine Schöpfermacht.
Sie hat den Himmel Tag und Nacht
und uns den Weg gewiesen.
Der Sonne, Mond und Sterne lenkt
und uns das Wort der Weisung schenkt,
sei allezeit gepriesen!

(Text: Detlev Block nach Psalm 19. [gekürzt], Melodie: EG 503: Geh aus mein Herz und suche Freud'; aus: Detlev Block, Erde atme auf – Geistliche Lieder, Göttingen 2001)

TEXT

„Wo Himmel und Erde sich berühren" *(P. liest oder erzählt nach kurzer Hinführung)*

„Es waren zwei Mönche, die lasen miteinander in einem alten Buch, am Ende der Welt gebe es einen Ort, an dem der Himmel und die Erde sich berühren. Sie beschlossen, ihn zu suchen und nicht umzukehren, ehe sie ihn gefunden hätten. Sie durchwanderten die Welt, bestanden unzählige Gefahren, erlitten alle Entbehrungen, die eine Wanderung durch die ganze Welt fordert, und alle Versuchungen, die einen Menschen von seinem Ziel abbringen können. Eine Tür sei dort, so hatten sie gelesen, man brauche nur anzuklopfen und befinde sich bei Gott. Schließlich fanden sie, was sie suchten, sie klopften an die Tür, bebenden Herzens sahen sie, wie sie sich öffnete, und als sie eintraten, standen sie zu Hause in ihrer Klosterzelle. Da begriffen sie: Der Ort, an dem Himmel und Erde sich berühren, befindet sich auf dieser Erde, an der Stelle, die uns Gott zugewiesen hat."

(aus: Jörg Zink, Zwölf Nächte, Kreuz Verlag, Stuttgart/Berlin 19662, S. 214)

LIED „Weißt du, wo der Himmel ist" (SL 204)

DEUTUNG (Aspekte)

Wo Himmel auf Erden beginnt
- Aufnahme der o.a. Legende
- Christologische Akzentuierung: der sich öffnende Himmel und dic Taufe Jesu
- Taufe auf den Namen Jesu als Einbettung in die Teilhabe an der Liebeserklärung Gottes: Ihr seid meine geliebten Töchter und Söhne
- Weitere Beispiele zum Topos: Wo der Himmel auf Erden beginnt (s. thematisches Stichwort)
- Bitte an Gott, uns etwas von der Weite seines Himmels zu schenken

LIED „Der Himmel geht über allen auf" (EG 611)

FÜRBITTEN

VATERUNSER

SEGEN

LIED zum Auszug „Der Himmel geht über allen auf" s.o.

16
Ein Leuchtturm des Lebens

Thematisches Stichwort

Leuchttürme sind runde, turmartige Seezeichen aus Mauerwerk oder Stahl. Sie markieren in der Schifffahrt wichtige Punkte an der Küste und auf Inseln und haben Orientierungsfunktion. Ihre horizontale, meist rot-weiße Streifung macht sie am Tag weithin sichtbar. Bei Dunkelheit bzw. Nebel senden sie starke Leuchtfeuer aus, die viele Kilometer aufs Meer hinausleuchten.

Leuchttürme sind seit der Antike bekannt (z.B. der Leuchtturm von Pharos, einer Insel vor Alexandria, 280 v.Chr. gebaut, eines der sieben Weltwunder, der im 14. Jahrhundert bei einem Erdbeben einstürzte). An der deutschen Küste ist der älteste Leuchtturm für 1220 bei Travemünde an der Ostsee belegt.

In Zeiten von Radar- und Satellitennavigation haben Leuchttürme eher eine nostalgische Funktion. Viele Kinder und Familien kennen Leuchttürme aus dem Urlaub. Manche können heute bestiegen werden und bieten einen weiten Blick aufs Meer wie aufs Land. Trotz ihrer veränderten Funktion bleiben sie als Symbol der Orientierung präsent.

Vorbereitung

- ein Leuchtturm-Modell aus einem Spielwaren- oder Dekobedarfsgeschäft entleihen, oder alternativ Folien oder Dias mit Leuchttürmen bereitstellen
- ein oder zwei Sprecher für den Text festlegen
- Falls im Rahmen des Gottesdienstes getauft wird, können die Taufeltern gebeten werden, für die Täuflinge Kerzen als Leuchttürme zu gestalten.

Verlauf

VORSPIEL

BEGRÜSSUNG

LIED „Morgenlicht leuchtet“ (EG 455,1–3)

PSALMGEBET im Wechsel

Herr Gott, lieber Vater,
rund um die Erde und in allen Winkeln des Weltalls
kennt man dich und sieht deine Wunder.
Kinder, ja schon Säuglinge,
sind Zeichen dafür, wie du das Leben liebst.

Wenn ich nachts nach oben sehe
Und das Firmament bestaune,
deinen riesigen Himmel mit Mond und Sternen,
mit Milchstraße und Sternschnuppen –
alles stammt von dir!

Was bin ich dann schon?
So klein! So winzig!
Ein Menschenkind! Und du denkst an mich?!
Du hältst mich auch in deiner Hand?

Ich kleiner Mensch soll mithelfen,
deine Erde zu bewahren? Mit allem, was dazu gehört:
mit Schafen und Rindern, Ameisen und Elefanten …

Vögeln und Fischen, Moosen und Felsen,
Tälern und Bergen, mit den Meeren und den Erdteilen?!
Das ist wunderbar, herrlich ist das!

Lieber Gott,
du machst das Leben hell und gut,
und in der ganzen Welt sollen die Menschen davon singen.

(nach Psalm 8, Quelle unbekannt)

GEBET

Herr, unser Gott
Unter deine Hand stellen wir uns mit den ersten Atemzügen an diesem Morgen.
Christus, du bist uns begegnet in einem Kind.
Lass uns in dir sehen das Angesicht Gottes.
Gott, schöpferischer Geist, der du Wachstum gibst und Gedeihen,
aus dir lebt alles Lebendige,
Großes und Kleines, sei um uns und segne unser Singen und Beten,
unser Reden und Tun.
Amen

LIED

„Vertraut den neuen Wegen“ (EG 395,1–3)

SZENE

Ein Leuchtturm erzählt *(meditative Musik – Text ggf. mit zwei Sprechern im Wechsel vortragen lassen)*:
Seit vielen hundert Jahren stehe ich hier an der Küste und weise Schiffen den Weg in den Hafen. Mein schlanker Turm ist markant mit roter und weißer Farbe angestrichen. Meine Mauern sind dick. So können sie auch starken Stürmen widerstehen. Mein Fundament reicht tief in die Erde und gibt dem schlanken Bauwerk Stabilität.

In der Nacht strahlt mein starkes Leuchtfeuer viele Kilometer aufs Meer hinaus. Früher brannte auf meiner Spitze ein Feuer aus Öl und Harz oder ein offenes Steinkohlenfeuer. Heute speist Elektrizität die Technik aus Leuchten und Spiegeln (ggf. Hinweis auf die veränderte Funktion von Leuchttürmen in Zeiten der Radar- und Satellitennavigation, vgl. thematisches Stichwort).

ZWISCHENMUSIK

DEUTUNG (Aspekte)

- Aufnahme des Leuchtturmbildes – Funktion– orientierender Wegweiser
- Leuchttürme haben in Zeiten von Radar und Satelliten ausgedient, nicht aber das Bild, für das sie stehen – Transfer auf eigene Lebenssituation(en)
- Wer/was ist Leuchtturm *meines* Lebens? Suche nach Orientierung, Suche nach etwas, das uns in den „Stürmen des Lebens" hält und Wegweisung gibt
- Biblischer Bezug (z.B. Ps 119,105 „Dein Wort ist meines Fußes Leuchte und ein Licht auf meinem Weg" oder Ps 27,11 „Herr weise mir deinen Weg …" oder Ps 118,27 „Der Herr ist Gott, der uns leuchtet" oder die Bilder von Wolken und Feuersäule als Metaphern der Begleitung und Orientierung Israels im Rahmen des Exodus.

LIED „Herr, deine Liebe" (EG 663,1–3)

FÜRBITTEN

VATERUNSER

SEGENSLIED (z.B. „Bewahre uns, Gott" [EG 171])

SEGEN

17 Lausche und schaue: Du bist voller Leben

Thematisches Stichwort

Diesem Gottesdienst liegt die Erzählung „Die Muschel und der Fisch" zugrunde:

Auf dem Grund eines Sees lebt eine äußerlich unscheinbar wirkende Muschel. Staunend nimmt sie ihre Umgebung wahr: Wasserpflanzen, Steine, Fische und das Licht des Mondes. Einem eingebildeten, nur auf sich bezogenen Fisch rettet sie durch ihre Aufmerksamkeit das Leben. Alles, was die Muschel in der Tiefe und Stille des Sees erlauscht und in ihr Herz aufnimmt, verarbeitet sie zu einer echten Perle.

Vorbereitung

Je nach zu wählender Form der Präsentation sind vorzubereiten:

Alternative 1: Malen von Kulissen für den Hintergrund
- Folienbilder
- Tageslichtprojektor (TP)

Alternative 2: Diaprojektion
- zu den einzelnen Szenen sind Dias zu malen (Faserschreiber oder Rußbilder)
- Diaprojektor
- Leinwand

Alternative 3: Schwarzlicht
- Dazu werden Schwarzlichtlampen, eine „Blackbox“ sowie Draht und Schwarzlichtfarben nötig.
- Aus Draht werden Figuren und Umrisse gebogen und mit Schwarzlichtfarben angemalt, ersatzweise die Figurenumrisse aus Sperrholz ausgesägt und diese Sperrholzumrisse mit Schwarzlichtfarbe bemalt.

Es sind zwei oder vier Sprecher*innen* festzulegen.

Verlauf

ORGELVORSPIEL

BEGRÜSSUNG

LIED „Lobet den Herrn alle, die ihn ehren“ (EG 447,1.3.6f)

PSALMGEBET MIT LIEDVERS

Gott, du Schöpfer der Welt:
dich loben wir.
Staunend bekennen wir:
du bist wunderbar,
großartig hast du alles gemacht.

Liedvers
„Laudate omnes gentes“ (EG 181.6)

Sonne und Mond hast du geschaffen,
dazu die Sterne,
die niemand zählen kann
das Weltall um uns herum

hast du werden lassen
für alles loben wir dich.

Liedvers …

Die ganze Welt ist voll von deinen Geschöpfen,
große und kleine Tiere auf dem Land,
Vögel und Käfer in der Luft.
Die Fische im Wasser und die Muscheln im Meer,
schön sind sie und voller Leben.

Liedvers …

Wunderbar hast du alles geschaffen, Gott,
auch uns Menschen:
Schwarze, Weiße, Rote, Gelbe.
Jeder Mensch ist einmalig in seiner Art,
jeder Mensch ist nach deinem Bild geschaffen.

Liedvers …

Ich danke dir, Gott,
dass ich so wunderbar gemacht bin.
Wie ich spreche und fühle,
wie ich aussehe und mich bewege,
das ist einmalig
wunderbar ist jedes deiner Werke.

Liedvers …

SZENISCHES SPIEL

„Die Muschel und der Fisch" (s. **M1**)

LIED „Lausche und schaue" (Kanon, 3 Stimmen; das folgende Lied wird mehrmals in das Spiel eingeschoben)

(Text: Christoph Nötzel, Melodie: aus England)

KURZANSPRACHE (Aspekte)

Der Fisch:
- eingebildet und dumm
- sieht nur sich selbst
- was er alles nicht wahrnimmt

Die Muschel:
- äußerlich unscheinbar
- vermeintlich passiv
- instinktiv nimmt sie wahr, was der Fisch in seiner Verblendung und Ich-Verliebtheit nicht sieht,
- verdichtet das Erlauschte und Geschaute zu einem Schatz, der in ihrem Inneren wächst → kostbare Perle

Am Ende der kleinen deutenden Betrachtung kann P. parallel zum letzten Bild (geöffnete Hände mit der Perle) eine kleine meditative Übung anregen, z.B.:

Lege deine Hände wie eine Schale ineinander. Sei einmal ganz still!
Sieh in die Schale deiner Hände!
Lausche und schaue wie die Muschel und der Fischer.
Überlege: Was ist für dich wie eine kostbare Perle?
(ein neugeborenes Kind – Eltern – Freundinnen/Freunde – Gott …)

LIED „Lausche und schaue"

LIED „Halte zu mir guter Gott" (SL 249)

FÜRBITTEN

VATERUNSER

LIED „Der Himmel geht über allen auf" (EG 611)

SEGEN

Die Muschel und der Fisch **M1**

Bild 1:

Erzähler 1: Tief unten, am Grund eines Sees, lebte eine *Muschel*. Ihre Schalen waren dunkel wie der Grund des Sees. Man musste sehr genau hinsehen, wenn man die Muschel zwischen Steinen und Pflanzen entdecken wollte.

Erzähler 2: Die Muschel war mit ihrem Leben zufrieden. Sie fand es schön, da zu liegen und zu staunen. Es gab viel zu staunen: herrlich grüne Wasserpflanzen, glänzende Steine, große und kleine, runde und kantige, und Schwärme von Fischen. „Hier möchte ich immer liegen", dachte die Muschel.

Bild 2:

Erzähler 1: Am besten gefiel es der Muschel, wenn *Vollmond* war. Dann stand der Mond als runde Scheibe über dem Wasser. Sein mildes Licht leuchtete auf den Grund des Sees hinab bis zu unserer Muschel. Die lag dann ganz still da. Sie spürte leise ihr Herz klopfen. Diese Nacht müsste ewig sein! Sie schaute und nahm das Licht des Mondes in sich hinein.

Bild 3:

Erzähler 2: Eines Tages kam ein *Fisch* zur Muschel geschwommen. „Sie mal, eine kleine Muschel" sprach er zu sich, „bald hätte ich dich übersehen, du kleines, unscheinbares Ding!"

Der Fisch war ein sehr eingebildeter, stolzer Fisch. Dann holte er tief Atem und schwamm vor der Muschel hin und her. So konnte man von allen Seiten sein schillerndes Schuppenkleid bewundern. Wie kann er sich drehen und wenden, dachte die Muschel.

Doch neidisch war sie nicht auf den Fisch. Vor allem aber liebte sie das milde Licht des Mondes. Sie war mit sich zufrieden, dort auf dem Grund des Sees. „Ich will so sein, wie ich bin", dachte die Muschel.

Bild 4:

Erzähler 1: Der Fisch tanzte vor der Muschel im Kreis. Er wollte bewundert werden. Dabei bemerkte er nicht den *riesi-*

	gen Fisch, der sich ihm mit aufgerissenem Maul näherte. „Pass auf", rief die kleine Muschel, „Pass auf!"
Erzähler 2:	Erschrocken fuhr der Fisch herum. Mit einem festen Schlag seiner Schwanzflosse rettete er sich in eine Felsspalte. Sein Herz klopfte vor Angst.
Erzähler 1:	Bald schon war alle Gefahr vergessen. Der Fisch prahlte: „Dem habe ich gezeigt, wer schneller ist! Der Dummkopf wollte mich fressen! Da kann ich nur lachen!"

Bild 5:

Erzähler 2:	Eines Nachts standen viele *Sterne* am Himmel. Der Mond war ganz rund und leuchtete wunderschön. Da kam der Fisch wieder zu der Muschel geschwommen.
Erzähler 1:	Die Muschel lag ruhig da und tat, was sie so gerne tat: lauschen und schauen.
Erzähler 2:	„Was machst du da?", fragte der Fisch. „Ich bin still", antwortete die Muschel. „Wenn man still ist, beginnen die Steine und die Pflanzen und das Wasser zu reden. Wenn man ganz leise ist, fängt alles an zu leuchten: die Steine, der Himmel, der gelbe Mond!"
Erzähler 1:	Der Fisch begriff gar nichts. „Dinge können überhaupt nicht reden", meinte er. „Was du siehst, ist nichts Besonderes! Still und ruhig sein, ist langweilig. Bewegen muss man sich können, so wie ich". Stolz wendete der Fisch und schwamm davon.

Bild 6:

Erzähler 2:	Eines Nachts leuchtete der Mond besonders hell. Die Muschel war voller Glück. Und sie wollte sich dem Mond zeigen. Behutsam öffnete sie ihre Schale. Die Innenseiten der Schale glänzten wie Silber und inmitten der Silberschale glänzte etwas kostbar und schön.
Erzähler 1:	Alles, was die Muschel auf dem Grund des Sees im Licht des Mondes in der Stille gelauscht, geschaut und in ihr Herz aufgenommen hatte, war zu einem kostbaren Schatz geworden, zu einer Perle, glänzend und ...
Erzähler 2:	... schön.

(Klaus Gräske, Die Muschel und der Fisch in: Religionspädagogische Praxis. Handreichung für elementare Religionspädagogik 1/1980, S. 32f. „In die Tiefe gehen – um zu wachsen" © RPA-Verlag, Landshut)

Gottes Welt hat viele Farben

18

Thematisches Stichwort

Man stelle sich vor, alles, was wir täglich in Farbe sehen, wäre grau oder schwarzweiß oder würde von uns (z.B. krankheitsbedingt) nur so wahrgenommen. Der Wechsel vom Schwarzweiß- zum Farbfernsehen markiert einen Quantensprung im Kommunikationsbereich.

Farben bringen Kontur, Kontrast, Harmonie ins Leben, machen es lebendig. Farben lösen Gefühle aus und spiegeln Gefühle wider. Farben haben die Menschen seit archaischen Zeiten fasziniert; steinzeitliche Höhlenmalereien belegen die Nähe zur Magie und zum Kult.

Farben haben Symbolkraft: In der Liturgie steht die Farbe weiß zum Beispiel für Licht, Reinheit, Heiligkeit und Vollkommenheit und ist im Kirchenjahr der Weihnachtszeit bis Epiphanias zugeordnet; rot ist mit Feuer, Liebe, Blut konnotiert und im Kirchenjahr die Farbe des Pfingstfestes, des Konfirmationsfestes sowie der Apostel- und Märtyrertage.

Im lexikalischen Sinne kommen die Begriffe „Farbe“ und „bunt“ nicht in der Bibel vor (Ausnahme: Josefs bunter Rock – Gen 37,3), von

der Sache her wohl, wenn damit die Themen „Vielfalt", „Lebendigkeit" und „Komplementarität" gemeint sind:

- der Regenbogen als Bundeszeichen (Gen 9,12ff) und als Analogie zur Herrlichkeit Gottes (Ez 2,28)
- die Vielfalt und Buntheit der Tierwelt, die mit Noah die Flut überlebt und zur Keimzelle einer neuen Schöpfung wird (Gen 6ff)
- im Bild der Wüste, die „frohlocken" und der Steppe, die „jubeln und blühen (wird), wie die Lilien" (Jes 35,1f) entwirft Jesaja die Vision von der Fruchtbarkeit und Farbigkeit der messianischen Zeit
- die Vision von der (farbenfrohen) Völkerwallfahrt zum Zion (z.B. Jes 2,1ff), die auch in diesem Zusammenhang angeführt werden könnte
- das Sprachenwunder von Pfingsten (Apg 2) ebenso wie die heterogene Oikumene der frühen Gemeinde (Apg 2,37ff; Gal 3,28) und das Bild des Paulus von dem einen Leib und den vielen Gliedern (1 Kor 12,12ff).

Im Mittelpunkt des Gottesdienstes steht die Sprech-Spielszene, die die Erzählung „Viertelland" von Gina Ruck-Pauquét modifiziert (D. Steinwede/S. Ruprecht [Hg.], Vorlesebuch Religion 3, Lahr/Göttingen/Zürich/Köln 1976, S. 223ff); das Spiel versucht, durch eine fiktive Erzählung für Perspektivenwechsel und den Gedanken zu werben, dass durch Vielfalt alle nur gewinnen können.

Vorbereitung

- Stellwand mit den Feldern
  - gelb
  - grün
  - rot
  - blau
- ggf. Wortkärtchen
- bunter Vogel (Spielwarengeschäft)
- Kreppbänder in den o.a. Farben für jeweils ein Viertel der Gottesdienstbesucher. Diese werden gebeten, sich entsprechend den Farben in Blöcken zusammenzusetzen.
- Zwei Erzähler*innen* müssen festgelegt werden.

Verlauf

VORSPIEL

BEGRÜSSUNG UND EINSTIMMUNG

Lied „Morgenlicht leuchtet“ (EG 455,1–3)

Eingangsworte

Gebet

Spielszene (siehe M1)

Lied „Regenbogen – buntes Licht“ *(zur thematischen Angleichung wird vorgeschlagen, den Wortlaut des Refrains zu modifizieren: „Gott, du bist wie buntes Licht, deine Farben sind das Leben. Du verlässt die Menschen nicht, hast das Leben uns gegeben“)*

Gelb die Ähren auf dem Felde,
Reichtum und Fülle träume ich
Und ich ahne das Geheimnis:
Gottes Hände segnen mich.

Refrain

Rot das Feuer, Glut und Flamme.
Wärme und Stärke fühle ich
Und ich ahne das Geheimnis:
Gottes Liebe trägt auch mich.

Refrain

Blau das Wasser – blau der Himmel.
Tiefe und Weite suche ich,
und ich ahne das Geheimnis:
Gottes Treue leitet mich.

Refrain

Indigo – ein dunkler Schatten.
Fremde Gewalten fürchte ich,
und ich ahne das Geheimnis:
Gottes Schatten schützen mich.

Refrain

Violett – die große Ruhe.
Still sein und schweigen möchte ich,
und ich ahne das Geheimnis:
Guter Gott, du findest mich.

Refrain

(Text: Reinhard Bäcker; Musik: Detlev Jöcker in: das Liederbuch zum Umhängen, Menschenkinder Verlag und Vertrieb GmbH, Münster 1989)

ANSPRACHE (Aspekte)

- Erfahrung mit festlegenden, abgegrenzten „Feldern"/ Sichtweise/Verhalten und Denkmustern/Standpunkten im eigenen Leben
- Jesus als „Grenzgänger", der Grenzen durchbricht und eingefahrene Muster hinterfragt, der zum Perspektivenwechsel einlädt (vgl. z.B. Mt 9,9f; Mk 10,13ff) und damit die Farben des Lebens neu mischt
- mit Blick auf die vorausgegangene „Tausch" -aktion: geben und nehmen – durch Vielfalt gewinnen – Rückbezug auf das Lied „Regenbogen – buntes Licht"

LIED „Regenbogen – buntes Licht"

FÜRBITTEN

VATERUNSER

SEGEN

Sprechspiel **M1**

Im Altarraum ist eine Stellwand (ca. 130 cm x 130 cm) mit vier Feldern in verschiedenen Farben aufgebaut. Die jeweiligen Begriffe (s.u.) können ggf. mit Wortkärtchen auf die Felder geheftet werden.

Erzähler 1: Das hier ist Viertelland *(zeigt auf die Stellwand).* Das Viertelland besteht aus vier Vierteln: einem gelben, einem roten, einem grünen und einem blauen. Unsichtbare Mauern trennen die Viertel, die Menschen und die Farben voneinander.

Erzähler 2: Im *gelben Viertel* wohnen die Gelben. Bei den Gelben ist alles gelb: Die Menschen tragen nur gelbe Kleider, die Häuser sind gelb, die Früchte sind gelb wie Zitronen und Bananen. In ihren Gärten wachsen nur Sonnenblumen und andere gelbe Blumen, und in den Flüssen fließt gelbes Wasser.

Erzähler 1: In zweiten Viertel wohnen die *Grünen.*

Erzähler 2: Die Grünen kennen nur eine Farbe – die Farbe grün. Grün sind die Autos, die Straßen, die Zäune, die Sterne, die Dachziegel und die Bücher.

Erzähler 1: Alles ist grün. Andere Farben finden die Grünen doof.

Erzähler 2: Im dritten Viertel wohnen die *Roten.* Sie kennen und mögen nur eine Farbe: die Farbe rot.

Erzähler 1: Rot sind die Schule, das Rathaus, die Kirche, die Gasthäuser. Alle Autos sehen aus wie Feuerwehrautos. Die Roten essen nur rote Sachen: Tomaten und Marmelade, rote Beete und Ketchup.

Erzähler 2: Im *blauen* Viertel kennen und mögen die Menschen nur eine Farbe: blau.

Erzähler 1: Blau sind die Bäume und die Sonne, das Gras ist blau und die Haare, die Fahrräder und die Tiere, und in ihren Träumen sehen sie auch alles blau.

Erzähler 2: Eines Tages kommt ein Vogel ins Viertelland geflogen *(Vogel wird an Stange und Perlonfaden durch den Altarraum geführt).* Ganz bunt ist das Gefieder des Vogels, so als käme er direkt aus dem Paradies.

Erzähler 1: Der bunte Vogel fliegt von Viertel zu Viertel. Die Kinder sehen den bunten Paradies-Vogel zuerst. Sie staunen, denn so einen bunten Vogel haben sie noch nie zuvor gesehen. Die Vögel in ihren Vierteln waren immer nur *gelb* oder *blau, grün* oder *rot.*

Erzähler 2: Wie schön er ist – der bunte Vogel. Aus allen Vierteln folgen die Kinder dem bunten Vogel.

Erzähler 1: Die blauen Kinder merken gar nicht, als sie ins grüne Viertel wechseln; die gelben Kinder ziehen durch das rote Viertel.

Erzähler 2: Schon mischen sich die blauen und die gelben Kinder, die roten und die grünen.

Erzähler 1: Ein bunter Kinderzug folgt fröhlich dem bunten Vogel …

Erzähler 2: Seit diesem Tag ist im Viertelland alles anders geworden.

P. regt an, dass sich auch im Kirchenschiff die Farben mischen – durch Wechsel der Plätze oder durch Tausch der Bänder. Nach Beendigung sollten die nun bunt gemischten Bänder hochgehalten werden und dazu gesungen werden, z.B. „Der Himmel geht über allen auf" (EG 611) oder „Regenbogen – buntes Licht".

19 Eine Hand voll Erde

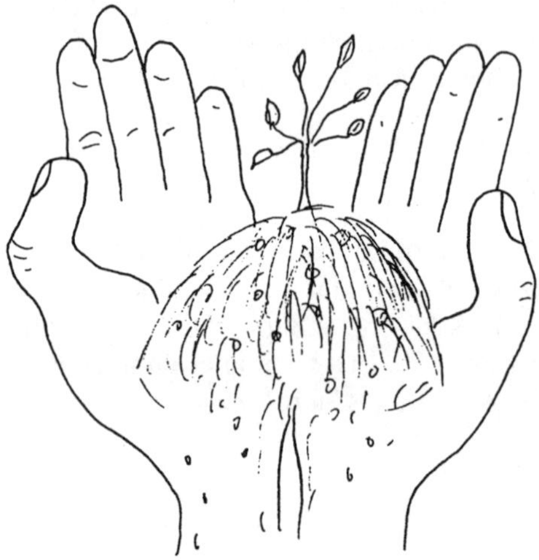

Thematisches Stichwort

Nach biblischem Verständnis ist die Erde nicht heilig, nicht Große Mutter oder Mutterschoß, sondern von Gott geschaffen (Gen 1). Erde ist im Hebräischen (wie im Deutschen) weiblich: adama – Mutterstoff, mit dem Gott Adam den ersten Menschen bildet und ihm Leben einhaucht. Adam und adama sind schöpfungstheologisch miteinander verbunden und die Erde, und was sie hervorbringt, mit dem Attribut des Gutseins (Gen 1,25) versehen.

Wenige Seiten später wird der Acker verflucht wegen Adams Sündenfall (Gen 3,17) und eben dieser Adam dazu verurteilt, „im Schweiße seines Angesichts“ sein Brot zu essen, bis er wieder zu Erde wird, aus der er genommen ist (Gen 3,19). Gottes Fluch trifft auch Kain nach dessen Brudermord: „Verflucht seist du auf der Erde, die ihr Maul hat aufgetan und deines Bruders Blut von deinen Händen empfangen“ (Gen 4,11).

Vorzubereiten sind:

– 1 Sack Gartenerde (Blumenerde) besorgen
– Folie

– ggf. Teichstrahler o.ä.
– Tontöpfchen (für die Aktion am Ende des Gottesdienstes – s.u.)
– Blumenzwiebeln
– zwei Sprecherinnen festlegen

Verlauf

(ORGEL-)VORSPIEL

BEGRÜSSUNG

LIED „Morgenlicht leuchtet, rein wie am Anfang" (EG 455,1–3)

ERÖFFNUNG

PSALM mit Kehrvers „Jeder Teil dieser Erde", EG 672

Herr, ich spüre deine Gegenwart
im Wind, im Regen und in der Sonne.
In der Schönheit der Erde sehe ich dich.
Vom Nebel über den Feldern am Morgen
bis zu den Lichtern meiner Stadt zur Nacht.

(Kehrvers)

In meiner Umwelt bist du zugegen,
in jedem freundlichen Gesicht,
in der Macht der Machtlosen.

Sehe ich die Schöpfung,
was zählen dann wir?
Geschaffen nach deinem Bilde
hast du uns einen kleinen Planeten anvertraut.

(Kehrvers)

Einen Planeten mit Pflanzen, Tieren
und Mitmenschen.
Herr, mein Gott,
wie groß ist dein Name unter uns Menschen

(Kehrvers)

(Uwe Seidel, Psalm 8, in: Peter Musall [Hg.], Gottes Schöpfung – uns anvertraut, © Burckhardthaus-Laetare Verlag Offenbach/Freiburg 1986, S. 120)

MEDITATION Eine Handvoll Erde (s. M1)

LIED „Mit der Erde kannst Du spielen“ (SL 205)

ANSPRACHE (Aspekte)

- spielerischer Umgang mit (der) Erde – wie Kinder
- Ästhetik der Erde
- Erde als Teil der guten Schöpfung Gottes
- Schöpfungsauftrag (Gen 1,28 im Horizont von Gen 1,31) und Verantwortung des Menschen für die Bewahrung der Erde/der Schöpfung
- vom „Wilden“ lernen – Passagen aus der Rede des Indianerhäuptlings („Wir sind ein Teil der Erde, sie ist ein Teil von uns … Was immer der Erde widerfährt, widerfährt auch den Kindern der Erde“) in Beziehung setzen zu Teilen aus Ps 104

LIED „Jeder Teil dieser Erde“ (EG 672)

FÜRBITTEN

VATERUNSER

LIED „Bewahre uns Gott, behüte uns, Gott“ (EG 171,1.3.4)

SEGEN

AKTION ZUM AUSGANG

Im Altarraum sind kleine Tontöpfchen aufgestellt – die Gemeinde wird eingeladen, sie mit der vor dem Altar aufgehäuften Erde zu füllen und eine der ausliegenden Blumenzwiebeln behutsam in der Erde zu versenken. Kinder und Erwachsene sollen in den nächsten Wochen das Gedeihen dieser Blumenzwiebel in der guten Erde beobachten.

Eine Hand voll Erde **M1**

Im Altarraum ist auf Folie dunkle, wohlriechende Gartenerde (etwa eine Sackfüllung) aufgehäuft. Ein Kind lässt – für die Gemeinde gut sichtbar – (evtl. Teichstrahler benutzen) Erde langsam durch die Finger rieseln.
Nach einer Weile kann dazu (sehr ruhig) folgender Meditationstext gesprochen werden (Musik läuft weiter):

Stimme 1: Eine Handvoll Erde.
Dunkelbraune, gute Erde,
weich ist sie und wohlriechend.
Kostbar ist die Erde und voller Leben.
Diese Erde in der Hand von NN
birgt Leben und schenkt Leben.

Tausendfaches Leben schlummert in ihr:
Korn und Löwenzahn,
Sträucher und Disteln.
Auch ich bin Teil der Erde –
von Erde bin ich genommen,
einst werde ich wieder zu Erde werden (Gen 3,19).
Erde wird mich einmal aufnehmen und umhüllen.

„Die Erde ist des Herrn", sagt die Bibel.

Stimme 2: Nicht immer ist Erde gesund
und wohlriechend wie diese.
Erde kann stinken und sterben,
wenn Gift und Müll sie verseuchen,
Erde unter Beton und aus Asphalt erstickt.
Manchmal ringt Erde um das Leben,
das in ihr ist.

(ggf. Zitatfragmente aus der berühmten Rede des Häuptlings Seattle aus dem Jahr 1854 einflechten)

„Die Erde ist des Herrn", sagt die Bibel.

20 Freut euch der schönen Erde

Thematisches Stichwort

Ziel dieses Familiengottesdienstes (Ende September) ist es, die Gottesdienstbesucher*innen*, Kinder wie Erwachsene, auf das aufmerksam zu machen, was sie staunen lässt, was man auch leicht übersieht.

Vorbereitung

Vorbereitet werden Körbe mit Produkten aus der Natur (Kastanien, Bucheckern, Eicheln, Blüten, bunten Blättern etc). Den Altar schmückt ein bunter Herbststrauß.

Verlauf

VORSPIEL

BEGRÜSSUNG

LIED „Morgenlicht leuchtet" (EG 455,1–3)

PSALMGEBET „Was ich mir wünsche"

Was ich mir wünsche:
den Mut der Amsel, die noch im Dunkel den
Gesang beginnt,
die Geduld der Spinne, die ihre zerstörten
Netze nicht zählt,
das ewige Wort der Krähen und das Schweigen
der Fische,
den Fleiß der Holzwespen und die Leichtigkeit
ihrer Waben,
den Schlaf der Larven im Boden und den
Tanz der Mücken,
die Härte des Eises im Winter, das im Frühlingslicht
schmilzt,
die Glut des Holzes, wenn es verbrennt,
den Höhenflug der Asche, die der Wind verweht,
die Unermüdlichkeit des Grases,
nach jedem Winter neu zu grünen, wünsche ich mir.

(nach Rudolf Otto Wiemer, aus: Mein Liederbuch 2, Ökumene heute, tvd-Verlag, Düsseldorf 1992, S. 22)

GEBET

WORÜBER ICH STAUNE

(die o.g. Körbchen werden durch die Reihen gegeben und die Besucher*innen* eingeladen, sich einen Gegenstand herauszunehmen, in die Handschale zu legen und ihn längere Zeit anzuschauen – während dieser Aktion ertönt leise meditative Musik vom Band).

LIED „Freuet euch der schönen Erde" (EG 510,1.3.4)

DEUTENDE WORTE/VERKÜNDIGUNG

Von Kindern kann man das Staunen lernen – wieso Staunen? Über „Weltwunder" kann man staunen (Pyramiden von Gizeh – die hängenden Gärten der Semiramis ...)
Was ist an einem Spinnennetz oder an einem Tautropfen im Morgenlicht schon so Besonderes, Spektakuläres, dass man staunen könnte? Leicht kann man diese Alltagssachen übersehen. Man muss sich bücken, sie aufheben, sie in die Hände nehmen, um die kleinen Wunderwerke der Schöpfung zu entdecken. Sie alle sind kleine Kunstwerke und Unikate. Das größte aller Wunder aber ist ein Kind, ein Kind wie N.N., eine einmalige, unverwechselbare Kostbarkeit.
Von Kindern kann man das Staunen lernen, mit Kindern kann man das Staunen lernen, und für Kinder kann man das Staunen neu lernen. Kinder sensibel zu machen für die kleinen Wunder dieser Welt, denn unsere Welt gründet nicht nur auf Sachen und Fakten, sondern auf den Wundern der Schöpfung (P. verweist z.B. auf die Kastanie in seiner Hand und beschreibt sie in knappen Worten, legt sie als etwas aus, worüber man staunen und wofür man dankbar sein kann).

GEBET

Gott, ich staune

Gott, ich staune,
lauter Wunder
hast du für uns ausgedacht.

Sag', wie hast du das gemacht,
dass es Nacht wird jeden Abend –
woher weiß denn das die Nacht?

Woher wissen die Narzissen,
dass sie Ostern blühen müssen?
Und die Gräser auf den Wiesen,
dass sie plötzlich wieder sprießen?

Und die Petersiliensamen,
drinnen in der dunklen Erden,
sag', wie können sie denn wissen,
dass sie Petersilie werden?

Stimmt es, dass die Erde rund ist?
Papa sagt, dass sie sich dreht!
Warum rutscht man dann nicht runter,
wenn man grade unten steht?

Warum fließen Wasserfälle
unaufhörlich Tag und Nacht?
Großer Gott, ich kann's nicht fassen,
wie du das hast werden lassen,
wie du alles hast gemacht.

(Renate Schupp, Gott ich staune, in: R. Schupp/G. Vicktor, Gemeinsam feiern © Verlag Ernst Kaufmann, Lahr/Christopherus-Verlag Freiburg)

LIED „Du hast uns deine Welt geschenkt" (EG 676,1–7)

FÜRBITTEN

VATERUNSER

LIED „Bewahre uns Gott" (EG 171,1–4)

SEGEN

NACHSPIEL

21 Gottes Segen lässt Leben aufblühen

Thematisches Stichwort

„Segen“ ist kein Wort der Alltagssprache – allenfalls peripher wird es gebraucht:

- eine Sache „absegnen“ (im Sinne von zustimmen, erledigen)
- „sich regen bringt Segen“
- das Zeitliche segnen (= sterben)
- „doch der Segen kommt von oben“ (F. Schiller)
- „meinen Segen habt ihr“
- „Kindersegen“ …

Wem ist schon bewusst, dass das populäre „Tschüss“ sich von „à dieu“ = „Gott befohlen“oder „bye, bye“ von „God be with you“ ableitet und beides Segensformeln sind?

In der Bibel ist Segen/segnen noch ein gängiger Begriff und Vorgang – ca. 300 Belegstellen nennt eine Konkordanz.

Segen meint ursprünglich (fast magisch verstandene) Kraftübertragung: Er zielt auf Mehrung der Fruchtbarkeit des Ackers, des Viehs, auf zahlreiche Nachkommenschaft. Segen verheißt Frieden, Wohlstand, Ansehen und Glück. Segen sichert Kontinuität und Stärke der Gemeinschaft. Segen ist von Gott geschenkte Lebenskraft.

Segen vollzieht sich in Worten, Formeln und Gebärden (Hand auflegen, erhobene Hände, Kreuzzeichen …).

Anlässe des Segens können sein: Geburt, Abschied vor einer Reise, die Inthronisation eines Herrschers und nahender Tod.

Empfänger des Segens sind Menschen (das Volk oder der Einzelne) oder auch die Werke und Tage der Schöpfung (Genesis 1f). Wo die Gaben des Tisches gesegnet werden, hat Segen die Bedeutung von Lobpreis und Dank (an den Geber der Gaben).

Segen ist Wunsch und Bitte, ist Metapher für das, was man sich nicht kaufen oder sich selbst zusprechen kann – Segen ist ein Geschenk, wie das Leben selbst. Segen enthält ein Versprechen: „Ich will mit dir sein und will dich segnen“ (Gen 26,3).

Das Thema des Gottesdienstes „Gottes Segen lässt Leben aufblühen“ akzentuiert das Leben- stiftende des Segens Gottes im (messianischen) Bild der Wüste. Durch den Segen des Wassers wird sie zum blühenden Garten. So soll das Verwandelnde, Lebendigmachende des Segens sinnenfällig werden:

„Die Wüste … wird frohlocken, die Steppe wird jubeln, wird blühen wie die Lilien … Wo es trocken gewesen ist, sollen Teiche stehen, und wo es dürre gewesen ist, sollen Brunnquellen sein …“ (Jes 35,1.7)

Wüsten-Bilder vor und nach dem Regen sowie Experimente mit der „Rose von Jericho“ liefern dazu die nötige Anschauung. Die „Rose“ wird (vorbereitet) in zwei unterschiedlichen Stadien präsentiert:

a) im trockenen, verschlossenen, farblosen Zustand
b) im (dank Wasser) geöffneten Zustand, der auch das Grau in Farbe verwandelt und den Eindruck von neuem Leben unterstreicht

Das Wasser, das die Wüste verwandelt und zum „Blühen“ bringt, hat eine Analogie zum segen- und lebensstiftenden, verwandelnden Wasser der Taufe, das Leben gedeihen lässt.

Vorbereitung

– Zu besorgen sind zwei Exemplare der *„Rose von Jericho“* (Selaginella Lepidophylla), von denen eine vor dem Gottesdienst ca. 4 Stunden in warmes Wasser gelegt werden muss, damit sie sich öffnet. Die mit einer Tuja vergleichbare Pflanze gibt es recht günstig in Ovator-Geschäften.

- Ferner sind *Dias bzw. Folien mit Wüstenbildern* anzufertigen. Wir haben mit Bildern aus folgenden Büchern gearbeitet:

  Bild 1: Blumen in der Wüste, in: M. Fuchs/V. Göhrum, Ich will dir Heimat geben, Freiburg/Basel/Wien 1988, S. 14f.

  Bild 2: Wüste nach einem Regenschauer, in: R. Schnettler/E. van Hoorick, Wüste – Wagnis und Wunder, Missio aktuell, Aachen 1987, S. 54f.

- Während eines Vorbereitungsabends beschriften Eltern aus Papier ausgeschnittene blaue Wassertropfen mit ihren Gedanken dazu, was das Leben gedeihen lässt.

Verlauf

ERÖFFNUNG

PSALMGEBET mit Kehrvers (EG 181,6)

GEBET

BLUMEN IN DER WÜSTE: Bild 1 *(dazu meditative Musik)*

DEUTENDE WORTE

> Es gibt Orte, die meidet man am besten, Mondlandschaften wie diese, voller Steine, voller Sand, grau, hart und leer, dürr und leblos wie diese Wüstenpflanze *(Rose von Jericho im geschlossenen Zustand zeigen)*, schattenlos und lebensfeindlich.
> Ohne Wasser verbrennt das Leben von Pflanzen, von Tieren, von Menschen.
> Wüste ist nicht der Ort, der zum Leben und Bleiben einlädt.

MUSIK

REGEN IN DER WÜSTE: Bild 2

DEUTENDE WORTE (Aspekte)

> Man muss das einmal erlebt haben: Wir waren in Israel – in der judäischen Wüste südlich von Jerusalem. Monatelang hat es dort nicht geregnet und dann fiel ganz unvermittelt für vielleicht 10 Minuten Regen,

warmer, erfrischender, lebensstiftender Regen. 10 Minuten Regen brachten die Wüste zum „Blühen".
Wo vorher stumpfes, lebloses Grau war, wachte die Wüste auf, wurde zum blühenden Teppich auf Zeit. Was vorher wie abgestorben war (noch einmal die tote Wüstenrose zeigen), wurde dank des Regens mit neuem Leben erfüllt, so wie diese aufgeblühte Rose von Jericho (Rose im aufgeblühten Zustand zeigen und auf das Bild Nr. 2 verweisen).
Das Bild der Wüste, die zum Garten wird, zeichnet die Bibel als Bild – als Bild für den Segen Gottes, der Leben aufblühen und gedeihen lässt.
In dürrer Zeit (babylonisches Exil) malt der Prophet Jesaja folgendes Traum- und Hoffnungsbild in die Ohren und Herzen der Menschen:
So spricht Gott, sagt der Prophet:

„Die Wüste und das trockene Land sollen sich freuen,
die Steppe wird jubeln und blühen wie die Lilien …
Ich will die Wüste zu Wasserstellen machen, das dürre Land zu Wasserquellen. Und ich will in der Wüste wachsen lassen Zedern, Akazien, Myrthen und Ölbäume …, damit man erkenne: Des Herrn Hand hat dies getan. Und der Heilige Israels hat es geschaffen." (Jes 35,1; 41,18–20)

MUSIK

LIED „Alle Knospen springen auf" (SL 194,1–4)

Was Leben gedeihen lässt. Die von den Eltern während des Vorbereitungsabends beschrifteten blauen „Wassertropfen" werden verlesen und auf die Folie geklebt.

Beispiele für die Gedanken der Eltern und Paten:

- Liebe der Eltern, Großeltern, Geschwister
- Leben in der Geborgenheit der Familie
- Freundschaft
- ein friedliches Umfeld
- die Möglichkeit, lernen zu dürfen
- Zeit und Ruhe
- miteinander reden
- Lachen und Neugier
- Gebet und Gottvertrauen

ZWISCHENMUSIK

DEUTUNG (Aspekte)

P. erzählt die Legende vom Experiment Friedrichs II. von Hohenstaufen, der die Ursprache der Menschen herausfinden wollte (M1).

- Kinder, diese Wunder an Glück, brauchen mehr als Nahrung und Kleidung, mehr als das, was man kaufen kann.
- Kinder brauchen die zärtliche, tröstende, Mut zusprechende Stimme von Mutter und Vater, … einen Mehrwert an Hoffnung und Liebe, einen Mehrwert, der Leben gedeihen und aufblühen lässt – wie Wasser das Leben in der Wüste.
- Das Wasser der Taufe verweist auf Gott als nie versiegende Quelle und Lebensgrund für ihr Kind. *(Helfer fügen die „Hände Gottes" in die Projektion ein, so dass das Bild der Geborgenheit unterstrichen wird.)*
- Taufe – Wasser des Lebens und Wasser zum Leben, Taufe als Zusage: Gott, du bist uns nah: Gerade auch dann, wenn wir es nicht verspüren, wenn andere Quellen versiegen und wir uns wie in der Wüste fühlen.

GEBET

Wie Wasser in der Wüste brauchen wir deinen Segen.
Wie Quellen in trockenem Land ist deine Nähe …
Wie ein Brunnen in der Trockenheit ist deine Liebe.
So segne und behüte uns wie ein Vater und eine Mutter.
Amen.

(nach Susanne Herzog in: Clemens Stroppel [Hg.], Kommt her, wir feiern heut', Schwabenverlag, Ostfildern 1994, S. 74)

LIED „Das wünsch ich sehr" (SL 218)

TAUFTEIL

LIED „Gott, der du alles Leben schufst" (zwischen und nach den Taufen, EG 211,1–5)

FÜRBITTEN

VATERUNSER

LIED „Komm Herr, segne uns" (EG 170)

SEGEN

Keiner lebt allein **M1**

Die Chronik des Salimbene von Parma aus dem Jahre 1268 berichtet: Friedrich II von Hohenstaufen wollte die Ursprache der Menschen finden. Er glaubte, sie entdecken zu können, wenn beobachtet werde, in welcher Sprache Kinder zu reden anfangen, mit denen vorher niemand spricht. „Und deshalb befahl er den Ammen und Pflegerinnen, sie sollten den Kindern Milch geben, daß sie an den Brüsten säugen möchten, sie baden und waschen, aber in keiner Weise mit ihnen schön tun und zu ihnen sprechen. Er wollte nämlich erforschen, ob sie die hebräische Sprache sprächen, als die älteste, oder griechisch oder latein oder arabisch oder aber die Sprache ihrer Eltern, die sie geboren hatten. Aber er mühte sich vergebens, weil die Knaben und anderen Kinder alle starben. Denn sie vermöchten nicht zu leben, ohne das Händepatschen und das fröhliche Gesichterschneiden und die Koseworte ihrer Ammen und Nährerinnen.

(H. Halbfas, Das Menschenhaus. Ein Lesebuch für den Religionsunterricht, Zürich/Stuttgart/Düsseldorf ³1974, S. 9f)

Jeder Stern ist ein Versprechen (Abraham)

22

Thematisches Stichwort

Das Motiv von Abrahams „Aufbruch in Begleitung" steht leitmotivisch über diesem Gottesdienst. Das Leben – trotz/mit allen Unwägbarkeiten – zu wagen ist zugleich die Situation junger Eltern. Ihnen soll sich die Botschaft von dem mitgehenden, bergenden Gott als entlastende Hoffnungsbotschaft erschließen.

Sterne sind im biblischen Verständnis Teil der Schöpfung (Gen 1,14ff; Ps 8,4) und insofern Hinweise auf den Schöpfer. In der Abrahamstradition werden die Sterne zu Symbolen der Treue und Verheißungskraft und des Segens Gottes (Gen 15,5; vgl. 22,17): „Sieh gen Himmel und zähle die Sterne; kannst du sie zählen? Und sprach zu ihm: So zahlreich

sollen deine Nachkommen sein!“ So gesehen enthält wirklich jeder Stern ein Versprechen.

Der nächtliche Sternenhimmel gleicht einem bergenden Gewölbe, steht für Staunen und Unendlichkeit.

Vorbereitung

- Schauspieler*innen* und Requisiten müssen bereit gestellt werden: (s. M1)
- Am Ende des Abrahamspiels wird Gebäck an die Gottesdienstbesucher verteilt. Wir wollten gerne den orientalisch-exotischen Charakter unterstreichen und haben daher von einer persischen Feinbäckerei in Dortmund „Kolompe“ (ungesüßtes Dattelgebäck) besorgt. 100 g = ca. 13 Stück kosten ca. 2,50 €.
- Am Ausgang werden Sterne (Tonpapier) mit Segensworten verteilt. Frauen verschiedener Gemeindegruppen haben diese Worte in Anlehnung an M2 auf die Sterne geschrieben.

Verlauf

VORSPIEL

BEGRÜSSUNG

KANON „Wo zwei oder drei“ (EG 578)

ERÖFFNUNG MIT PSALM

Herr, du kennst mich:
Du kennst meinen Namen und meine Gedanken.

Herr, du kennst mich und hast mich lieb.

Worüber ich nachdenke –
du weißt es.
Was ich auch tue –
du bist neben mir.
Mein ganzes Leben liegt offen vor dir.

Herr, du kennst mich und hast mich lieb.

Ob ich sitze oder stehe,
ob ich liege oder gehe,
du hältst deine Hand über mich.

Herr, du kennst mich und hast mich lieb.

Auch wenn es mir schlecht geht
bist du bei mir.
Du achtest auf mich.
Nie gibst du mich verloren.

Herr, du kennst mich und hast mich lieb.

(nach Psalm 139)

SPIEL „Aufbruch mit Abraham“ (s. M1) in Verbindung mit dem Lied „Bewahre uns Gott“ (SL 85)

FÜRBITTEN

VATERUNSER

KANON „Der Himmel geht über allen auf“ (EG 611)

SEGEN (am Ausgang erhalten die Gottesdienstbesucher die vorbereiteten Segensworte – s.o.)

Jeder Stern ist ein Versprechen – Aufbruch mit Abraham **M1**

Personen: Erzähler*in*, „Gottes" Stimme, Abraham, Sara

1. Station: Haran

Requisiten: weißes Tuch; blaue Folie mit Sternen oder Glitzerkugel mit Sternen; in den Sternen stehen die Namen der Gottesdienstbesucherinnen; ggf. Trockeneis; meditative Hintergrundmusik

Erzähler*in*: Am großen Fluss, in der Stadt Haran, lebte ein Mann. Der Mann heißt Abraham. Sara ist seine Frau.
Abraham ist reich. Er besitzt viele Schafe, Ziegen und Kamele. Doch Abraham hat keine Kinder. Knechte und Mägde helfen ihm bei der Arbeit.
Abraham ist schon alt. Seine Frau Sara auch.

LIED: „Bewahre uns Gott", Strophe 1

Erzähler*in*: Einmal in der Nacht hat Abraham einen Traum: Gott ruft ihn:

Gottes Stimme: Abraham, steh auf! Geh weg von hier! Geh weg aus deinem Haus, weg aus deiner Stadt, weg aus deinem Land! Ich zeige dir neues Land. Da sollst du wohnen. Ich will dich segnen mit dem Schönsten, was es auf der Welt gibt: Du wirst Kinder haben. Du sollst Vater sein von vielen Menschen.

LIED: „Bewahre uns Gott", Strophe 1

2. Station: Haran

Requisiten: Päckchen

Erzähler*in*: Da steht Abraham auf. Er nimmt seine Frau Sara und alle seine Sachen. (Abraham und zwei Knechte bepacken den Esel). Sie brechen auf. Mit ihren Tieren und mit den Hirten ziehen sie los. Auch Lot ist dabei.

LIED: „Bewahre uns Gott", Strophe 2

Erzähler*in*: Weit ist der Weg. Endlich, nach vielen Monaten, nach langer gefahrvoller Wanderung, sind sie am Ziel. Sie sind im Land Kanaan.

LIED: „Bewahre uns Gott", Strophe 3

3. Station: Kanaan

Requisiten: Altar (aus Kartons)

Erzähler*in*: Gott sagt:
Gottes Stimme: Dieses Land will ich deinen Kindern geben.
Erzähler*in*: Abraham freut sich. Er nimmt große Steine und baut einen Altar. Abraham dankt Gott für Bewahrung auf der Reise und Aussicht auf versprochenes Land.

Musik

Erzähler*in*: *weist auf verwandte Situation der Eltern hin -> wofür Eltern dankbar sind. Inhalte des Dankes werden mittels vorbereiteter Wortkärtchen vorgelesen und auf dem Altar befestigt.*

4. Station: Sternenhimmel

Requisiten: Weißes Tuch und Sternenfolie. Zunächst weißes Tuch

Erzähler*in*: Eines Tages ruft Gott Abraham erneut.
Gottes Stimme: Sieh zum Himmel, Abraham, und zähle die Sterne. So viele Nachkommen wirst du haben.
Deine Nachkommen werden so zahlreich sein, wie die Sterne des Himmels. Sie werden ein großes Volk sein und dieses Land wird ihnen gehören. *(Abraham schaut zum Himmel. Er zählt die Sterne.)*
Erzähler*in*: Da ist Abraham glücklich. Er glaubt, was Gott sagt. Er glaubt Gott, obwohl er und Sara schon so alt sind und immer noch keine Kinder haben.
Und Gott hält sein Versprechen Nach einem Jahr kommt ein Kind zur Welt, ein Kind für Abraham und Sara. Sie nennen das Kind Isaak. Alle lachen, alle sind froh. Die Eltern sind glücklich.

(Die Sternenfolie wird vor das weiße Tuch gezogen)

Erzähler*in*: *Hinweis, dass sich auch in jedem von uns und in den Kindern Gottes Segensverheißung an Abraham erfüllt. – Kinder als „Segen", Wunder und einmalige Kostbarkeiten. – „Segen" = Fülle, Glück, Kraft, Geschenk.*

LIED: „Bewahre uns Gott", Strophe 5

5. Station: Dankfest

Requisiten: Tisch mit orientalischem Gebäck

Erzähler*in*: Abraham und Sara danken Gott: „Du bist ein guter Gott. Du hast uns gesegnet mit einem Kind. Du hast uns gesegnet mit Land, auf dem wir wohnen können. Du hast uns gesegnet mit vielen Kamelen, Schafen und Ziegen, die uns ernähren. Abraham und Sara danken Gott. Alles ist gut geworden.

Musik

Erzähler*in*: Hinweis auf Abrahams/Gottes Einladung zur Mitfreude, zum Dankfest.

LIED: Bewahre uns Gott
(Die Akteure teilen das orientalische Gebäck an die Gottesdienstbesucherinnen aus und lassen sie so an ihrer Freude und Dankbarkeit teilhaben).

Segensworte **M2**

Gott segne die Welt und was sie erfüllt.
Gott segne das Haus und die es bewohnen.

(Peter Hammer, Irische Segenssprüche, zit. Nach: mein Liederbuch 2 – Ökumene heute, Notenausgabe, tvd-Verlag, Düsseldorf 1992, S. 54)

Möge der Weg dir freundlich entgegenkommen,
der Wind niemals gegen dich stehen,
Wärme dich erfüllen.
Und bis wir uns wiedersehen,
halte Gott dich schützend in seiner großen Hand.

(Quelle unbekannt)

Möge Gott auf dem Weg,
den du gehst,
vor dir hereilen.
Mögest du die hellen Fußstapfen
des Glücks finden
und ihnen auf dem ganzen Weg folgen.

(Hermann Multhaupt, Möge der Wind immer in deinem Rücken sein. Alte irische Segenswünsche, Bergmoser + Höller Verlag, Aachen)

Der Herr sei vor dir, um dir den rechten Weg zu zeigen.
Der Herr sei neben dir, um dich in die Arme zu schließen
und dich zu schützen gegen Gefahren von links und rechts.
Der Herr sei hinter dir, um dich zu bewahren vor der Heimtücke böser Menschen.
Der Herr sei unter dir, um dich aufzufangen, wenn du fällst,
und dich aus der Schlinge zu ziehen.
Der Herr sei in dir, um dich zu trösten, wenn du traurig bist.
Der Herr sei um dich herum, um dich zu verteidigen, wenn andere über dich herfallen.
Der Herr sei über dir, um dich zu segnen.
So segne dich der gütige Gott.

(Peter Hammer, Irische Segenssprüche, zit. Nach: mein Liederbuch 2 – Ökumene heute, Notenausgabe, tvd-Verlag, Düsseldorf 1992, S. 53

Komm, Herr, segne uns,
dass wir uns nicht trennen,
sondern überall uns zu dir bekennen.

Nie sind wir allein,
stets sind wir die deinen,
Lachen oder Weinen
wird gesegnet sein.

(D. Trautwein 1978, EG 170)

Ich wünsche dir den Frieden der Meeresdünung,
den Frieden einer sanften Brise,
den Frieden der schweigsamen Erde,
den Frieden einer klaren Sternennacht.

Ich wünsche dir den Frieden Jesu Christi,
der unser Frieden ist für alle Zeit.

(Hermann Multhaupt, Möge Gottes Wille hundertmal willkommen sein. Alte irische Segenswünsche II, Bergmoser + Höller Verlag, Aachen)

Möge dein Glück rund wie der Vollmond sein.

(Hermann Multhaupt, Möge dein Glück rund wie der Vollmond sein. Alte irische Segenswünsche IV, Bergmoser + Höller Verlag, Aachen)

Möge heute der erste Tag von der besseren Hälfte deines Lebens sein.

(Hermann Multhaupt, Möge dein Glück rund wie der Vollmond sein. Alte irische Segenswünsche IV, Bergmoser + Höller Verlag, Aachen)

Möge alles in dir gesegnet sein,
und mögest du jeden Menschen segnen und jedes Ding.

(Hermann Multhaupt, Möge dein Glück rund wie der Vollmond sein. Alte irische Segenswünsche IV, Bergmoser + Höller Verlag, Aachen)

Möge der Himmel deinen Weg mit Sonnenschein begleiten.

(Hermann Multhaupt, Möge Gott deine Pfeife immer mit Tabak füllen. Alte irische Segenswünsche V, Bergmoser + Höller Verlag, Aachen)

Mögest du die Hälfte deiner Arbeit
mit dem Blick zur Erde tun,
die andere Hälfte mit dem Blick zum Himmel.

(Hermann Multhaupt, Wenn sich die Stunden mit Leben füllen. Gebete über den Tag mit irischen Segenswünschen, Bergmoser + Höller Verlag, Aachen)

Mögest du immer wissen,
wo das Ziel deiner Reise ist,
und mögest du immer wissen,
wohin du zurückkehren kannst.

(Hermann Multhaupt, Wenn sich die Stunden mit Leben füllen. Gebete über den Tag mit irischen Segenswünschen, Bergmoser + Höller Verlag, Aachen)

Möge die Zeit stille stehen,
wenn du die Stunden mit Leben füllst,
aber einen Sprung machen,
wenn Ärger dich überkommt.

(Hermann Multhaupt, Wenn sich die Stunden mit Leben füllen. Gebete über den Tag mit irischen Segenswünschen, Bergmoser + Höller Verlag, Aachen)

Nach dem langen Weg durch den Nebel
möge dir die wärmende Sonne begegnen.

(Hermann Multhaupt, Wenn sich die Stunden mit Leben füllen. Gebete über den Tag mit irischen Segenswünschen, Bergmoser + Höller Verlag, Aachen)

Möge die Luft dich segnen.
das Wasser und der Wind,
möge die See dich segnen
und was sie in ihren Tiefen birgt.
Alle Stunden mögen gesegnet sein
vom Gott des Sturmes und des Friedens.

(Hermann Multhaupt, Wenn sich die Stunden mit Leben füllen. Gebete über den Tag mit irischen Segenswünschen, Bergmoser + Höller Verlag, Aachen)

23 Aufbrechen mit Abraham

Vorbereitung

- „Kamel“ aus Pappe oder gemalt
- Tücher zum Verkleiden
- Wanderstab
- Kulissenbilder: – Stadtsilhouette (von Haran), Brunnen, Oase
- Kartons (für Altar)
- Sternentuch (dunkelblau mit gelben Sternen)
- Puppe (Isaak)
- Abraham, Sara und Erzählerin festlegen

Verlauf

Flötenvorspiel

Begrüssung

Lied „Morgenlicht leuchtet“ (EG 455,1–3)

PSALMGEBET (im Wechsel)

Der Herr ist mein Hirte,
mir wird nichts mangeln.

Er weidet mich auf einer grünen Aue
und führet mich zum frischen Wasser.

Er erquicket meine Seele.
Er führet mich auf rechter Straße um seines Namens willen.

Und ob ich schon wanderte im finstern Tal,
fürchte ich kein Unglück;

denn du bist bei mir,
dein Stecken und Stab trösten mich.

Du bereitest vor mir einen Tisch
im Angesicht meiner Feinde.

Du salbest mein Haupt mit Öl
und schenkest mir voll ein.

Gutes und Barmherzigkeit werden mir folgen mein Leben lang,
und ich werde bleiben im Hause des Herrn immerdar.

(Psalm 23)

GEBET

SPIEL Aufbrechen mit Abraham (s. M1)

DANKGEBET

LIED „Vertraut den neuen Wegen“ (EG 395,1.3)

DEUTUNG (Aspekte)

- Wer sich einladen lässt „mit Abraham aufzubrechen“, kann wichtige Erfahrungen des Glaubens (neu) in dieser „Urgestalt des Glaubens“ entdecken: Gott ruft aus den vorhandenen Bindungen/Verhältnissen/ Sicherheiten heraus, stellt Füße auf weiten Raum.
- Das „Modell Abraham“ bewahrt uns Eltern vor Festlegung auf eigene Wünsche und Projektionen, vor Engführungen auch im Blick auf die Zukunft unserer Kinder.
- Dieser „Aufbruch in Begleitung“ steht unter Gottes besonderem Segen = Schutz, Nähe, Geborgenheit.

Segen ist Zusage gelingenden Lebens.
- Der Segenszusage korrespondiert die Verpflichtung, (für andere) zum Segen zu werden …
- Gott führt – wie schon Abraham – in „neues Land“, ein Land, in dem Kinder und Eltern lachen und unbeschwert sein können, in dem Kinder Kinder sein dürfen und nicht Abziehbilder ihrer Eltern, in ein Land, in dem auch Eltern einander neu, mit neuen Augen und neuer Liebe wahrnehmen und einander und ihren Kindern zum Segen werden in unübersichtlicher Zeit…
- An Gottes Segen ist alles gelegen.

LIED „Bewahre uns Gott“ (EG 171,1f)

FÜRBITTEN

VATERUNSER

LIED „Möge die Straße uns zusammenführen“ (Irisches Segenslied)

Führe die Straße, die du gehst
Immer nur zu deinem Ziel bergab,
hab, wenn es kühl wird, warme Gedanken,
und den hellen Mond in dunkler Nacht.

Refrain

Hab unterm Kopf ein warmes Kissen,
habe Kleidung und das täglich Brot,
sei über vierzig Jahre im Himmel,
bevor der Teufel merkt, du bist schon tot.

Refrain

Bis wir uns mal wiedersehen,
hoffe ich, dass Gott dich nicht verlässt,
er halte dich in seinen Händen,
und drücke seine Faust dich nie zu fest.

Refrain

(Text und Melodie: Markus Pytlik © Strube Verlag München/Berlin)

SEGEN

Aufbrechen mit Abraham **M1**

1. Station: Leben in Haran und Aufbruch

Kulisse: Stadtsilhouette

Erzähler: Vor langer Zeit lebte im Osten ein Mann mit Namen Abraham. Seine Frau hieß Sara. Abraham und Sara waren Nomaden. Sie zogen mit ihren Zelten und ihren großen Viehherden von Ort zu Ort, um neue Weiden zu finden. Sie wanderten lange umher und kamen in eine Stadt mit Namen Haran. Dort lebten sie längere Zeit und hatten viele Freunde.

Abraham und seine Frau waren sehr reich. Sie hatten viele Schafe, Esel und Kamele. Es ging ihnen gut in der Stadt Haran. Abraham war dankbar für alles, was er hatte. Jeden Tag lobte er Gott dafür.

Eines nachts hörte Abraham eine Stimme. Zuerst glaubte er, er habe geträumt. Aber diese Stimme sprach immer wieder zu ihm: „Abraham, Abraham, verlass deine Heimat und deine Verwandtschaft und ziehe in ein fernes Land, das ich dir zeigen will. Dort sollst du wohnen. Du wirst viele Nachkommen haben. Abraham – Vater der Völker wirst du heißen.

Abraham weckte seine Frau Sara und erzählte ihr alles:

Abraham: *(setzt sich aufrecht – weckt Sara)* Im Traum habe ich eine Stimme gehört – Gottes Stimme. Und weißt Du, was sie gesagt hat?

Ich soll hier alles aufgeben und in ein fernes, unbekanntes Land ziehen. Außerdem hat die Stimme gesagt: „Du und Sara – ihr werdet noch viele Kinder bekommen!"

Erzähler: Aber Sara erwiderte:

Sara: Bist du verrückt? Weißt du eigentlich, wie alt wir sind? Und außerdem, warum sollten wir auch unsere Freunde und Familie verlassen? Es geht uns doch gut hier!

Erzähler: Abraham erzählte auch seinen Verwandten und Freunden von Gottes Befehl. Zuerst lachten sie ihn aus und sagten: „Was willst du in einem fremden Land, das du nicht kennst? Hier hast du es gut, bist reich und hast viele Freunde und Verwandte."

Doch Abraham blieb bei seinem Entschluss. Er war sicher: Gott würde ihn auf dem weiten Weg begleiten!

	So packte er Zelte und Hausrat, Nahrung und Wasser auf die Tragtiere *(Abraham und Sara packen zusammen).*
Abraham:	Treibt die Herden zusammen! Denkt auch an Futter für das Vieh! Morgen in aller Frühe brechen wir auf! *(Abraham und Sara ziehen los)*

Flöte

2. Station: Unterwegs

Erzähler:	Viele Jahre waren sie unterwegs. Sie wanderten durch Wüsten, Berge und Täler. Oft litten Menschen und Tiere großen Durst.
Abraham:	*(Abraham führt eine leere Flasche zum Mund – zeigt sie Sara ...)*

Kulisse: Brunnen

Erzähler:	Sie waren froh, wenn sie in eine Oase gelangten. Dort konnten sie ihre Zelte aufschlagen, ihren Tieren frisches Futter geben und ihre Wassersäcke füllen. Nach der langen Wanderung blieben sie immer ein paar Tage zum Ausruhen dort. Sie konnten Schafskäse und Felle gegen frische Früchte und Getreide eintauschen. Die staubige Kleidung konnten sie säubern. Doch je länger sie unterwegs waren, umso mehr wuchsen ihre Zweifel ...
Sara:	Ob wir das richtig gemacht haben ...?
Erzähler:	Die Reise war so lang und beschwerlich, dass Abraham immer wieder gefragt wurde:
Sara:	Wann sind wir endlich am Ziel? Wir haben doch unterwegs schöne Oasen gesehen, wo wir hätten bleiben können.
Erzähler:	Aber Abraham blieb zuversichtlich. Er wartete auf die Stimme Gottes, die ihm das versprochene Land zeigen würde.

Flöte

3. Station: Ankunft in Kanaan

Kulisse: grüne Oase, davor Altar

Erzähler:	Eines Tages war er sich ganz sicher: Nun sind wir angekommen. Er hörte Gottes Stimme: „Dies ist das

	Land, das du bewohnen sollst." Grünes, saftiges Weideland lag vor ihnen, Felder und Olivenhaine, Weinberge und Obstgärten. Es war das Land Kanaan, so schön, dass man von ihm sagte, dass dort Milch und Honig fließen würden. Abraham baute mit seinen Knechten die Zelte auf.
Abraham:	Sucht Steine, ihr Knechte! Wir wollen einen Altar bauen. Wir wollen Gott für das Land danken, das er uns als neue Heimat geschenkt hat.
Erzähler:	Nur eins machte Abraham und Sara traurig: Sie hatten immer noch keine Kinder. Wenn sie starben, würde ihr Name bald in Vergessenheit geraten!

Flöte

4. Station: Neue Verheißung

Kulisse: Blaues Tuch mit Sternen am Himmel (am Taufbecken)

Erzähler:	So vergingen die Jahre. Abraham und seine Frau Sara waren sehr alt geworden. In einer klaren Nacht saß Abraham vor seinem Zelt. Da hörte er wieder die Stimme Gottes: „Abraham, schau dir den Himmel an! Siehst du die vielen Sterne? So oft du es auch versuchst, du wirst sie nicht zählen können! Du wirst so viele Nachkommen haben wie Sterne am Himmel sind: Das Land wird ihnen gehören. Ich will immer bei dir und deinem Volk sein und dich und deine Nachkommen nicht verlassen." Da war Abraham sehr froh, denn er wusste: Was Gott verspricht, das geschieht!

Flöte

5. Station: Isaaks Geburt

Erzähler:	Und wirklich. Es war wie ein Wunder! Nach einem Jahr bekamen sie den Sohn, auf den sie ein Leben lang gewartet hatten. Sie nannten ihr Kind Isaak. *(Sara hält das Kind hoch, strahlt.)* Abraham und Sara waren von Herzen froh. Sie bereiteten ein großes Fest vor und luden Freunde und Nachbarn dazu ein.

Flöte

6. Station: Rückschau und Dankgebet

Kulisse: Altar

Erzähler: Abrahams und Saras Herz war voller Freude. Dankbar schauten sie zurück:

Abraham: Gott, ich war voller Angst, als du mich riefst: „Geh' in ein Land, das ich dir zeigen werde!" Ich hatte Angst. Doch ich wusste: Dein guter Segen begleitet mich. Monate und Jahre war ich unterwegs mit meiner Familie und mit meinen Tieren, unterwegs durch Wüsten und Täler, durch Flüsse und Einsamkeit.

Sara: Du hast uns den Weg gezeigt bei Tag und Nacht. Du hast uns Wasserstellen und Nahrung finden lassen. Danke, lieber Gott, dass wir nie alleine waren.

Abraham: Nun sind wir angekommen im fremden Land, das unsere Heimat werden soll. Danke, lieber Gott, für das Land.

Sara: Danke für Isaak, unser Kind. Im hohen Alter hast du mir und Abraham noch einen Sohn geschenkt. Du machst auch dieses versprechen wahr: Nachkommen werdet ihr haben, so zahlreich wie Sterne am Himmel sind. Danke für alles, was du für uns getan hast.

Flöte

Gottes Wort ist wie Licht in der Nacht

24

Thematisches Stichwort

Es ist schon merkwürdig – auf der *einen* Seite ist die Bibel das Buch der Weltliteratur mit der weitesten Verbreitung (vgl. Das neue Guinness Buch der Rekorde, Ullstein, Frankfurt/M. 1986, S. 265). Auf der *anderen* Seite ist das Buch der Bücher – zumindest in unseren Breiten – einer zunehmenden Zahl von Menschen fremd bzw. es steht für sie kaum noch in einem Zusammenhang mit dem eigenen Leben. Die Akzeptanz, bei Grundschulkindern noch vergleichsweise hoch, schwindet mit zunehmendem Alter (vgl. H. Hanisch/A. Bucher, Da waren die Netze randvoll. Was Kinder von der Bibel wissen, Göttingen 2002, S. 87ff).

Wer den Traditionsverlust und -abbruch nicht nur bedauern, sondern aktiv etwas dagegen tun will, wird – auch um unserer Kinder willen – dafür Sorge tragen, dass die lebensbereichernde, stärkende, tröstende Geschichte Gottes mit den Menschen immer wieder neu ins Leben hineingetragen wird, um dort Spuren des Segens zu hinterlassen.

Äußerer Anstoß zu diesem Gottesdienst ist das „Jahr der Bibel 2003“, mit dem die Kirchen und Freikirchen in Deutschland die Bibel neu ins Bewusstsein einer breiteren Öffentlichkeit rücken wollen. Das Aktionsjahr steht unter drei Zielsetzungen: „Die Bibel soll erstens in die Öffentlichkeit getragen werden. Zweitens soll das Leben mit der Bibel in der

Gemeinde gestärkt werden und schließlich sollen Menschen für die Bibel neu begeistert werden." (Das Ideenheft zum Jahr der Bibel 2003, Geschäftsstelle 2003. Das Jahr der Bibel, Stuttgart 2003, S. 3)

Vorbereitungen

- Szenisches Spiel (siehe **M1**)
- Tanz der Kindergartenkinder
- Zu dem Lied „Gottes Wort ist wie ein Licht in der Nacht" gibt es eine *Tanzbeschreibung* von A. Ulbrich und P. Hitzelberger in: R. Freise, Unsere Welt ist wie ein großes Zelt, Junge Gemeinde, Stuttgart 1997, S. 162f.
- Kräuter: Zur „sinnlichen" Wahrnehmung" des Lutherzitates „Die Bibel ist wie ein Kräutlein ..." (s.u.) können verschiedene duftende Kräuter (z.B. Zitronenmelisse, Basilikum, Rosmarin, Thymian ...) in Körbchen bereitstehend, durch die Reihen gegeben und mitgenommen werden.

Verlauf

MUSIKALISCHE EINSTIMMUNG

BEGRÜSSUNG

LIED „Lobet den Herren alle, die ihn ehren" (EG 447,3.6)

GEBET

LIED „Wort, das lebt und spricht ..." (EG 592,1–3)

SZENISCHES SPIEL – Auf der Suche (**M1**)

DEUTENDE ASPEKTE (mit Rückbezug auf das vorausgegangene Spiel)

a) Szene 1: Sprache

Ein wenig geht es zu wie bei dem Fernsehquiz, wo alle Millionär werden wollen – viele Begriffe und Wendungen haben Eingang in unsere Alltagssprache gefunden; nur ist das oft nicht mehr bewusst, dass sie ursprünglich aus der Bibel stammen (z.B.
„Sein Herz ausschütten" (1 Sam 1,15) – „Sein Haus bestellen" (Jes 38,1) – „Gegen den Strom schwimmen" (Sir 4,35) – „Perlen vor die Säue werfen" (Mt 7,6) – „Wer Wind sät, wird Sturm ernten" (Hos 8,7)

– „Wes das Herz voll ist, des geht der Mund über" (Mt 12,34) – „In die Wüste schicken" (Lev 16,6ff) – „Die Spreu vom Weizen trennen" (Mt 3,12) – „Sein Licht unter den Scheffel stellen" (Mt 5,15).

b) Szene 2: Stärke

Die Geschichte ist eigentlich eine Anti-Heldengeschichte: Auf der einen Seite steht der mächtige Riese Goliath – auf der anderen Seite der schmächtige Hirtenbub; eigentlich ist er chancenlos.

Aber so ist das oft in der Bibel: Stärke kann sich in Schwäche verwandeln, Schwäche in Stärke – wenn Gott seine Hand im Spiel hat. Wie sagte der Bibliothekar?: „In der Bibel gibt es viele Geschichten, die zeigen, das der Größte nicht immer der Stärkste ist."

Ich liebe diese Geschichten:

– die Geschichte von David und Bathseba
– die Geschichte von Noah und Jona
– die Geschichte von Jesus und Petrus.

Es sind Geschichten voller Leben – mit Helden, die keine sind.

c) Szene 3: Trösten

In dieser Szene war „Trösten" das Stichwort – wieviel Millionen Mal werden Menschen den 23. Psalm gebetet, gestammelt, gedacht, geschrieben, geseufzt haben,

– an Sterbebetten
– in ausweglosen Situationen – in Momenten tiefster Verzweiflung.

„Der Herr ist mein Hirte, mir wird nichts mangeln – und ob ich schon wanderte im finstern Tal, fürchte ich kein Unglück, denn du bist bei mir." Es sind Worte, die man sich selber nicht sagen, sich nicht ausdenken kann. Es sind Lebensworte, Worte, die helfen – allmählich wieder über den Rand des Brunnens zu schauen und neuen Mut zu schöpfen.

d) Szene 4: Kindersegnung

Die Bibel ist kein Buch, das für Kinder geschrieben worden ist – aber ein Buch, in dem Kinder eine wichtige Rolle spielen, in dem sie ernst genommen werden.

Mehrmals werden im Evangelium Kinder den Erwachsenen als Vorbilder hingestellt. Sie leisten noch nichts, sondern empfangen, sie empfangen Gottes Reich, ohne eigene Anstrengungen.
Der unerschöpfliche Erzählschatz der Bibel enthält Geschichten von Befreiung und Aufbruch, Geschichten, die randvoll sind mit Visionen:
- den Visionen vom Frieden zwischen Wolf und Lamm
- der Vision vom neuen Himmel und einer neuen Erde.

Erwachsene und Kinder können aus diesen Geschichten und Bildern lernen:
- dass das Leben einen festen Grund hat,
- dass das Leben gut ist und man ihm trauen darf
- dass schon mal welche aus Sklavenhäusern entronnen sind
- dass wider Erwarten ein Kleiner einen Großen besiegt hat,
- dass einer aus dem Bauch eines Walfischs gerettet wurde.

All diese Geschichten sind Lebens- und Liebesgeschichten.

Erzählen Sie ihren Kindern diese Geschichten, die das Leben zur Heimat werden lassen. Schöpfen Sie mit Ihrem Kind aus diesem Ozean voller Lebensmöglichkeiten.

LIED „Gottes Wort ist wie Licht in der Nacht“ (EG 591)

TANZ der Kindergartenkinder

LIED „Vertraut den neuen Wegen“ (EG 395,1f)

FÜRBITTEN

VATERUNSER

LIED „Vertraut den neuen Wegen“ (EG 395,3)

Aktion

„Die Bibel ist wie ein Kräutlein"

P. zitiert das Martin Luther zugeschriebene Wort „Die Bibel ist wie ein Kräutlein: Je mehr man daran reibt, um so stärker duftet es" und lädt dazu ein, sich aus den Körbchen mit den duftenden Küchenkräutern zu bedienen, das „Kräutlein" zwischen den Fingern zu zerreiben und vielleicht mit einem Bibelwort in Verbindung zu bringen.

Segen

Nachspiel

Auf der Suche **M1**

Rollenspiel in einer Buchhandlung

Requisiten:	Bücherregal, das u.a. unterschiedliche Bibelausgaben enthält
Personen:	Eine Buchhändler*in* (B) und fünf Kunden (K1–K5)

K1: *(kommt in die Buchhandlung und spricht B. an)* Sie sind doch als Buchhändler*in* ein belesener Mensch. Sicher kennen sie das Sprichwort „Der Mensch lebt nicht vom Brot allein", ist das von Goethe oder von Bertold Brecht?

B.: „Der Mensch lebt nicht vom Brot allein", das ist weder von Goethe noch von Brecht. Das Sprichwort steht in der Bibel. Das hat Jesus zum Teufel gesagt, als der ihn in der Wüste aufforderte, Steine zu Brot zu verwandeln. – Sehen sie, hier *(B. schlägt Bibel auf und zeigt dem Kunden Mt 4)* – hier, in Matthäus, Kapitel 4 steht: „Und der Versucher trat zu ihm und sprach: ‚Bist du Gottes Sohn so sprich, dass diese Steine Brot werden.' Er aber antwortete und sprach: ‚Es steht geschrieben: Der Mensch lebt nicht vom Brot allein, sondern von einem jeden Wort, dass aus dem Mund Gottes geht.'"
Hier *(B. reicht K1 die Bibel),* diese Bibel sollten sie mitnehmen, wenn sie die lesen, werden sie noch auf viele „geflügelte Worte" aus der Bibel stoßen.

K1: *(K1 bezahlt, verlässt die Buchhandlung.)*

K2: (kommt in die Buchhandlung, sieht sich um, wendet sich dann an B.) Ich suche eine Geschichte, die von einem Hirtenjungen erzählt, der König wird.

B.: Ja, die Geschichte steht in der Bibel. Der Hirtenjunge, der später König über Israel wird, heißt David – sicher kennen sie auch die Geschichte, wie der Hirtenjunge David mit einem Kieselstein einen Riesen besiegt. – In der Bibel gibt es viele Geschichten, die zeigen, dass am Ende der Größte nicht immer der Stärkste ist.

K2: Packen sie mir bitte die Bibel ein, ich nehme sie mit *(zahlt, geht).*

K3: *(begrüßt B. und schildert sein Anliegen)* Ich muss einen Besuch bei einer Frau machen. Sie hat kürzlich ihren Mann verloren. Jetzt ist sie sehr traurig. Ich möchte ihr gerne ein Buch mitnehmen, das sie tröstet.

B.: *(schlägt in der Bibel Psalm 23 auf und liest den Text)* Hier, diesen Psalm haben schon ganz viele Menschen gebetet, wenn sie in großer Verzweiflung und Trauer waren. Vielen hat er geholfen: „Der Herr ist mein Hirte, mir wird nichts mangeln. Er weidet mich auf einer grünen Aue und führet mich zum frischen Wasser. Er erquicket meine Seele. Er führet mich auf rechter Straße um seines Namens willen. Und ob ich schon wanderte im finstern Tal, fürchte ich kein Unglück; denn du bist bei mir, dein Stecken und Stab trösten mich.“ Diese Buch enthält noch viele andere Trostworte und Trostgeschichten.

K3: Ich nehme dieses Buch und werde es meiner Bekannten schenken *(zahlt, geht).*

K4: *(kommt mit einem Bild in den Laden, zeigt B. das Bild und fragt)* Wissen sie, wer das ist und wo ich diese Geschichte finde?

B.: *(schaut das Bild an und sagt)* Natürlich, das ist eine bekannte Jesusgeschichte. Sie heißt „Jesus segnet die Kinder“. – Einen Moment, ich zeige sie ihnen hier in der Bibel. Sie steht im Markus-Evangelium *(liest)*: „Und sie brachten Kinder zu ihm, damit er sie anrühre. Die Jünger aber fuhren sie an. Als es aber Jesus sah, wurde er unwillig und sagte zu ihnen: ‚Lasst die Kinder zu mir kommen, hindert sie nicht! Denn Menschen wie ihnen gehört das Reich Gottes. Wahrlich, ich sage euch: Wer das Reich Gottes nicht empfängt wie ein Kind, der wird nicht hineinkommen.‘ Und er herzte sie und legte die Hände auf sie und segnete sie.“ (Mk 10,13–16)

K4: Ich danke ihnen. Sie haben mir sehr geholfen *(geht mit dem Bild weg).*

K5: *(kommt in die Buchhandlung)*

B.: Was kann ich für sie tun?

K5: Ich suche für mein Kind ein Buch. Interessant soll es sein, Bilder soll es enthalten, die anschaulich erzählen.

B.: Ich glaube, da habe ich etwas geeignetes für sie *(holt eine Kinderbibel aus dem Regal, schlägt sie auf und zeigt sie K5).* Diese Kinderbibel ist, glaube ich, genau das, was sie suchen *(schlägt vorne auf).* Hier, die Geschichte, die erzählt, warum wir Weihnachten feiern: Jesus wird im Stall geboren – Hirten und Könige eilen zum Stall – Haben sie die großartigen Bilder gesehen, die auch kleine Kinder schon verstehen können?

K5: Ja, das ist wirklich genau so ein Buch, wie ich es suche. Vielen Dank, was kostet das Buch? *(K5 bezahlt und verlässt die Buchhandlung mit dem Buch.)*

25 Der gute Hirte

Thematisches Stichwort

In der biblischen Symbolsprache wird das Bild des Hirten unterschiedlich gefüllt.
Hirte meint *im Alten Testament*:
- *Jahwe* selbst: Er führt, schützt, ernährt das auserwählte Volk (= seine Herde; Ps 23,1ff; 100,2f; 78,52; Gen 48,15; Jes 40,11; Jer 31,10; Hes 34,11ff)
- *Könige* (Jes 44,28), besonders David (2 Sam 5,2; 7,7)
- der verheißene *Messias* (z.B. Hes 34,23; 37,24; Mich 5,3)

im *Neuen Testament*:
Vor allem *Jesus*, der „zu den verlorenen Schafen Israels gesandt" ist (Mt 15,24, das „verlorene Schaf" sucht (Lk 15,1ff parr) sich als „guter Hirte" bewährt (Joh 10,11 u.ö.), den die Seinen kennen und er die Seinen (Joh 10,14), dessen Stimme den Seinen vertraut ist und sie befolgen (Joh 10,27). Als guter Hirte „läßt (er) sein Leben für die Schafe" (Joh 10,11).

Im Ursprungsbild ist es Aufgabe des Hirten, die Herde (Schafe/Ziegen) zur Weide und zu Wasserstellen zu führen, für Ruhephasen zu sorgen und sie in der Nacht in eine Sicherheit bietende Hürde zu bringen. Wilde Tiere (Löwen, Bären) wehrt er mit seinem Hirtenstab oder einer Keule ab (vgl. 1 Sam 17,34f). Gefährdete oder schwache Tiere schützt oder trägt er bei schwierigen Wegstrecken/Situationen.

Wegen seiner Vertrauenswürdigkeit wurde das Bild des Hirten bald auf Gott übertragen.

Vorbereitung

- Schäfchen nach Muster von M1 aus braunem Tonpapier ausschneiden und mit Schafwolle beidseitig bekleben.
- Weidelandschaft aus Verpackungsmaterial herstellen und mit Jute o.ä. überziehen.
- auf die Rückseite des Gottesdienstprogramms Zitate mit dem Bildwort des Hirten in der Bibel nach M2 abdrucken.
- Mikrophon bereitstellen

Verlauf

VORSPIEL

BEGRÜSSUNG UND HINWEISE ZUM GOTTESDIENST

LIED „Wenn einer sagt: Ich mag dich, du" (SL 221,1)

EIN HIRTE (H.) ERZÄHLT VON SICH UND SEINER HERDE:

Im Gespräch mit den Kindern, die er um sich versammelt (Stichworte)

- H. fragt die Kinder, wer schon einmal Schafe/eine Schafherde gesehen hat und lässt davon erzählen (Mikro!)
- H. stellt sich selbst mit seiner Pelerine, seinem Hut und Hirtenstab und den Funktionen dieser Attribute vor
- er erzählt von sich und seiner Herde:

… er sorgt für seine Herde mit ca. 300 Tieren (Milch- und Fleischschafe)
… er zieht mit ihnen über Land, teilweise viele Kilometer
… er sucht geeignete Weideplätze auf

… die Tiere fressen Gras und Stoppeln (im Winter Heu und Hafer)
… die Milchschafe werden morgens und abends gemolken
… er muss sich darüber hinaus um die kleinen und schwachen Schäfchen kümmern, verirrte Tiere suchen
… er hilft bei der Geburt der Tiere
… die Tiere erkennen den Hirten an Stimme/Pfiff/Kleidung
… der Hirtenhund umkreist die Herde
… die Lämmer werden von Januar bis April geboren (jeweils eins bis zwei), sie bleiben bis Sommer bei den Muttertieren
… im Mai werden die Schafe geschoren („Vlies").

LIED „Wenn einer sagt …" (Strophe 2)

LESUNG Psalm 23

LIED „Wenn einer sagt …" (Strophe 3)

VERKÜNDIGUNG (mit Bezug auf Ps 23 und Joh 10,14ff/Aspekte)

- der „Hirte" identifiziert sich mit Jesus als dem „guten Hirten"
- Entfaltung im Gespräch, worin das „Gutsein" besteht („kennen, sich kümmern, vertraut sein mit der Stimme …")
- Rückbezug auf Bilder aus Ps 23, ggf. Hinweis auf Lk 15,1ff.

LIED „Wenn einer sagt …" (Strophe 3 und 4)

AKTION

Kinder werden – nach Rückbezug auf die vorhergehende Verkündigung – namentlich aufgerufen. Nachdem der Hirte alle Kinder „bei ihrem Namen gerufen" hat, wandern die Kinder zusammen mit dem Hirten und stellen „ihr" Schäfchen in die Weidelandschaft.
Wenn alle „Schäfchen" ihren Platz in der vorbereiteten Landschaft gefunden haben, lenkt der Hirte den Blick der Kinder und der übrigen Gemeinde noch einmal auf das fertige Bild und würdigt es.

TANZ „Der Herr ist mein Hirte

(abgedruckt in: H. Freudenberg [Hg.] Religionsunterricht praktisch 2. Schuljahr, Göttingen ⁶1999, S. 132f)

LIED

FÜRBITTEN

VATERUNSER

LIEDSTROPHE

SEGEN

M1

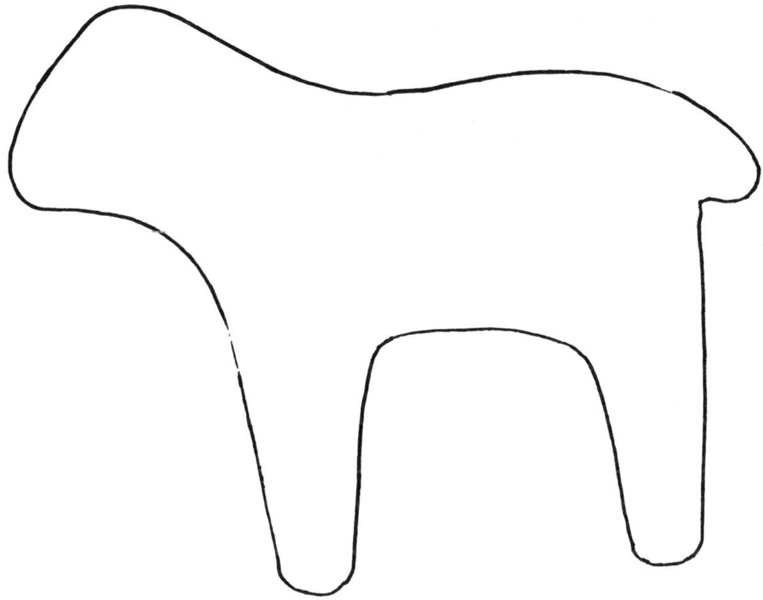

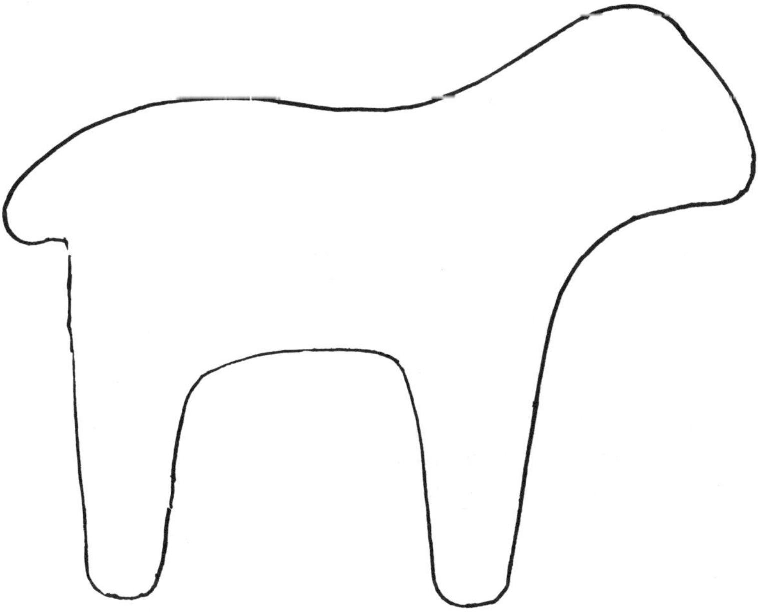

Das Bildwort vom „Hirten“ in der Bibel **M2**

„Gott, der mein Hirte gewesen ist
mein Leben lang …“
(1 Mose 48,15)

„Gott, der Hirte und Fels Israel.“
(1 Mose 49,24)

„Der Herr ist mein Hirte …“
(Psalm 23,1)

„Du Hirte Israels, höre, der du
Josef hütest wie die Schafe …“
(Psalm 80,2)

„Gott wird seine Herde weiden wie
ein Hirte. Er wird die Lämmer in
seinem Arm sammeln und im Bausch
seines Gewandes tragen und die
Mutterschafe führen.“
(Jesaja 40,11)

„Ich will euch Hirten geben nach
meinem Herzen, die euch weiden
sollen in Einsicht und Weisheit.“
(Jeremia 3,15)

„Der Israel zerstreut hat, der wird's
auch wieder sammeln und wird es hüten
wie ein Hirt seine Herde.“
(Jeremia 31,10)

„Wie ein Hirte seine Schafe sucht,
wenn sie von seiner Herde verirrt
sind, so will ich meine Schafe
suchen.“
(Jeremia 34,12)

„Ich bin der gute Hirte und kenne die
Meinen, und die Meinen kennen mich …
Der gute Hirte lässt sein Leben für
die Schafe.“
(Johannes 10,14.11)

26 Wie ein Mobile – Gehalten und verbunden sein

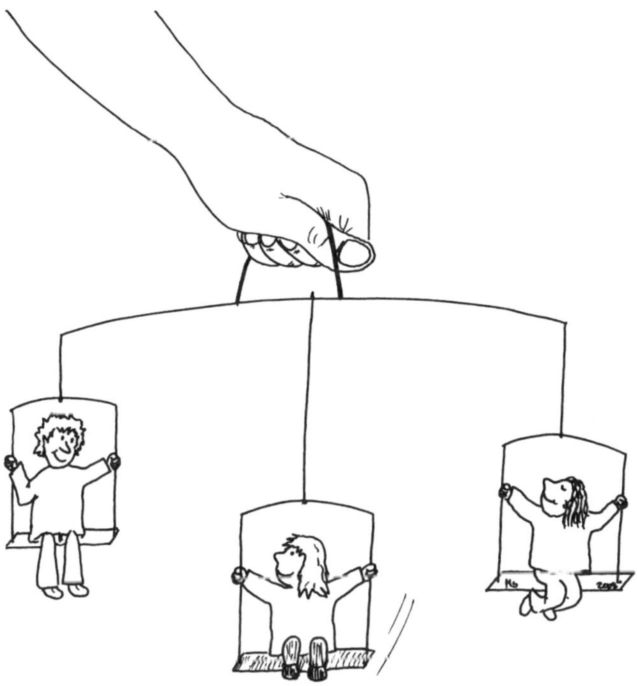

Thematisches Stichwort

„*Mobile* (lat.), freihängendes, ausbalanciertes, leichtes Gebilde, das vom Luftzug bewegt wird und je nach Lichteinfall variabel wird. Es besteht aus mit Drähten verbundenen, meist farbig gefaßten Metallblättchen (auch aus anderem Werkstoff).“ (Meyer enzyklopädisches Lexikon in 25 Bänden, Band 16, Bibliographisches Institut, Mannheim/Wien/Zürich 1976, S. 356).

Das Mobile ist ein junges Symbol, das im übertragenen Sinne für Selbständigkeit auf der einen Seite, Aufeinanderangewiesensein auf der anderen, für Verbundenheit und Gemeinschaft steht. Nur wenn die verschiedenen Dimensionen und Wertigkeiten in eine Balance gebracht werden, kann das Mobile seinen Sinn erfüllen.

Von der Sache her versinnbildlicht das Mobile, was Paulus in 1 Kor 12,12ff mit dem Bild von dem einen Leib und den vielen Gliedern, die einander zugeordnet sind, ausdrückt. In der Lebendigkeit dieses Organismus, in der Verschiedenheit und Zusammengehörigkeit der einzelnen Glieder/Elemente/Gaben der Gemeinde wird der eine Geist Gottes wirksam.

Vorbereitungen

- Es ist ein Mobile in abgewandelter Form herzustellen. Dazu haben wir für das Grundgerüst zwei gehobelte Dachlatten (ca. 3 m x 1,80 m) zu einem Kreuz zusammengeschraubt. An dieses Kreuz werden mit Peddigrohr die Scherenschnittköpfe der Gemeindemitglieder (s.u.) und die „Girlanden" (s.u.) mit den Namen aller Gottesdienstbesucher geschrieben.
- Scherenschnittköpfe: Aus verschiedenen Gemeindegruppen (Kindergarten, Konfirmanden, Jugendgruppen, Presbyterium, Frauenkreis, Altenkreis ...) sollen „Scherenschnitte" (ca. 12–15) von verschiedenen Personen angefertigt werden. Dazu wird die zu porträtierende Person (Profil) auf einen Stuhl im nötigen Abstand vor ein schwarzes, an der Wand befestigtes Tonpapier gesetzt. Mit Hilfe eines Tageslichtprojektors bzw. eines Diaprojektors wird die Person so angestrahlt, dass sich deren Profil auf dem Tonpapier abzeichnet. Mit einem weichen Bleistift werden die Konturen nachgezeichnet und später ausgeschnitten.
- Durch ein Loch wird ein Woll- bzw. Perlonfaden gezogen, die „Köpfe" auf die einzelnen Teile des Mobiles verteilt und austariert.
- Girlanden: Dazu haben wir aus farbigem Tonpapier etwa handtellergroße Vignetten ausgeschnitten und immer 10 Vignetten mit farbiger Wolle zu einer Kette verbunden.
- Vor dem Gottesdienst liegen diese Ketten und Stifte aus; die Besucher werden familienweise gebeten, ihre Vor- und Nachnamen auf eine der Vignetten zu schreiben. Die fertig beschrifteten Girlanden werden in die Mobileteile eingefügt.

– Einige der abgebildeten Kinder/Jugendlichen/Erwachsenen können vielleicht gewonnen werden, ihre Gedanken zu dem Stichwort „Mein Kopf und ich“ aufzuschreiben, z.B. „Mein Kopf ist noch jung:

- Manchmal ist er voller Pläne und Träume.
- Manchmal ist er ganz leer, zu leer zum Denken, zum Planen, zum Lachen, oder er ist hart wie Beton.
- Mal ist es in meinem Kopf wie auf einer Müllkippe ...
- Manchmal stoße ich mit anderen Köpfen zusammen, oder ich will mit meinem Kopf durch die Wand.
- Manchmal wünsche ich mir einen anderen Kopf ...
- Herr, nimm meinen Kopf in deine Hände und segne ihn.

Verlauf

FLÖTENVORSPIEL

BEGRÜSSUNG mit Hinweisen zum Gottesdienst

EINGANGSWORTE

LIED „Gemeinsam hier in unserm Kreis“ (Menschenbrückenlied, Strophe 1 und 2, zu finden in MC, Solange die Erde lebt)

GEDANKEN zum Mobile 1 (Aspekte)

- das Mobile, verschiedene Teile
- Oberflächlich gesehen sind alle Köpfe gleich.
- Die nähere Beobachtung zeigt: Jeder Kopf ist anders (Profile, Haare, Augen, Lippen ...), jede(r) ist ein einmaliges, unverwechselbares Individuum.
- die Einmaligkeit jedes Einzelnen – von Gott gewollt (Hinweis auf Ps 139,13ff)

LIED „Menschenbrückenlied“ (Strophe 3)

KÖPFE ERZÄHLEN

(einige der Porträtierten stellen sich mit einem kurzen Votum vor: „Mein Kopf und ich“)

LIED „Menschenbrückenlied“ (Strophe 5 und 6)

GEDANKEN ZUM MOBILE II (Aspekte)

- Alle Teile hängen zusammen (Alte und Junge, Kinder und Eltern, Starke und Schwache, Einheimische und Fremde ...), sind miteinander verbunden, aufeinander bezogen.
- Alle Teile sind gleichwohl frei beweglich.
- Jedes Teil ist für die Balance wichtig.
- Transfer des Bildes auf die Gemeinde als Gemeinschaft (vgl. 1 Kor 12,12ff)
- Das Kreuz (= Liebe) hält und trägt, verbindet die Teile und das Ganze (= Gemeinde).

LIED

FÜRBITTEN

VATERUNSER

SEGENSLIED

SEGEN